Sylvia Roth

Ein Jahr in Lissabon

Sylvia Roth

Ein Jahr in Lissabon

Reise in den Alltag

HERDER

FREIBURG · BASEL · WIEN

Originalausgabe

© Verlag Herder GmbH, Freiburg im Breisgau 2013
Alle Rechte vorbehalten
www.herder.de

Umschlagkonzeption: Agentur R·M·E Roland Eschlbeck
Umschlaggestaltung: Verlag Herder
Umschlagmotiv: © pounais24 – Fotolia.com

Satz: Dtp-Satzservice Peter Huber, Freiburg
Herstellung: CPI Moravia Books, Pohorelice

Printed in Czech Republic

ISBN 978-3-451-06483-8

Inhalt

Setembro

ICH HATTE VIEL SORGFALT DARAUF VERWENDET, meine Koffer zu packen. Nicht nur mein grünes Sommerkleid und meine Sandalen waren ins Gepäck gekrochen, sondern auch ein paar warme Strickpullover und die Stiefel für den Winter. Ein Regenschirm gesellte sich zur Reiseversicherung, und mein Fotoalbum schlüpfte hinterher – unverhofft aufkeimendem Heimweh wollte ich mit durchblätterten Erinnerungen begegnen. Neben Fernando Pessoas „Buch der Unruhe" begleitete mich ein Band über die großen portugiesischen Seefahrer, weil sich alles so aufregend anfühlte, als würde ich die nächsten zwölf Monate in ihrem abenteuerlichen Bugwasser schippern. Selbstverständlich reiste auch mein blau-weiß gestreifter Bikini mit, denn ich wusste: Das Meer ist nah. Und ganz zuletzt, ehe die Kofferschnallen zuschnappten, fügte ich den Straßenplan meiner neuen Stadt wie einen verheißungsvollen Kompass hinzu. Ja, in der Tat, ich hatte so vorausschauend gepackt, wie man es eben tun sollte, wenn man ein Jahr lang in die Fremde geht. Nur eines hatte ich vergessen: Ich hatte vergessen, Portugiesisch zu lernen.

Vielleicht hatte ich es auch einfach beharrlich verdrängt, Ausreden gab es schließlich genug. Mal stand mir ein Mangel an Zeit im Weg, mal ein Mangel an Disziplin. Immer, wenn mich meine Kollegen vor der Abreise fragten, ob ich denn schon Portugiesisch sprechen könne, verneinte ich mit leichtfertiger Geste. Das würde ich mir dann vor Ort draufschaffen, entgegnete ich und schickte dem erschrockenen „Mutig!" meines Gegenübers noch ein neckisches Aperçu hinterher: Es gebe doch nichts Schöneres, als aufzubrechen, ohne sich vorher auszukennen. Vasco da Gama habe vor seiner Abreise ja auch nicht gewusst, was „Entdeckung" in Sanskrit heißt.

Und nun, einen Tag nach meiner Ankunft in Lissabon, sitze ich mit ein paar italienischen Erasmus-Studenten in einem kleinen Zimmer einer Sprachschule nahe des Praça do Rossio und versuche, zu verstehen. „Percebes?", fragt mich der Lehrer, und das Wort kommt in der Aussprache ganz und gar dreist daher, ohne Vokale, so, als hätte es polnische Vorfahren. „Prsbsch?", wiederholt er, weil ich nicht reagiere. „Verstehst du?" Nein, ich verstehe nicht. Denn das hat nichts, aber auch gar nichts mit dem zu tun, was da in meinem Buch steht. Da steht: p-e-r-c-e-b-e-r, Infinitiv für verstehen, wahrnehmen, erkennen. Und nicht prsbr. Ich schüttle den Kopf. „Estou confusa", antworte ich, ich bin verwirrt. „Schtou" korrigiert mich der Lehrer mit demonstrativ ausladender Bewegung der Kinnlade, „schtooouuuu", „schtou cönfüsä".

So ist das also. Die Portugiesen betrachten die Sprache als Mahlzeit – und deshalb reden sie mit vollem Mund. Sie kauen beim Sprechen. Sie essen die Vokale und spucken sie als Konsonanten wieder aus. Sie mauscheln stattliche, stolze lange Worte zu einem verworrenen Knäuel zusammen, der phonetisch auf einen einzigen Laut hinausläuft: „schsch". Und wenn sie sich doch entschließen, einen Vokal zu verwenden, dann nur mit zugehaltener Nase. Meu Deus, Verzeihung, meu Deusch, das kann ja heiter werden.

Das Erste, was ich nach diesen vier Stunden Portugiesischunterricht mache, ist, zu flüchten. Ich stürze mich ins Gewirr schmaler und schmalster Gassen, streife ziellos nach rechts und nach links – und hadere: mit der Angst vor meiner eigenen Courage und den Fragen, die unerbittlich zu bohren beginnen. Was hatte ich mir nur dabei gedacht, meine Stelle zu kündigen, meine Wohnung aufzulösen und meine Freunde zu verlassen, nur, um einem Bedürfnis nach „Auszeit" nachzugeben, das mir jetzt mehr als zweifelhaft erscheint? Was war so verlockend daran gewesen, ein einjähriges Kulturstipendium in Lissabon gegen mein Leben in Deutschland einzutauschen? Und woher, um Gottes Willen, hatte ich die Chuzpe genommen, zu meinen, ich könne all dies ohne Portugiesischkenntnisse tun? Was – außer Chaos – erhoffte ich mir von diesem unbedachten Seitensprung? Ich laufe und hadere, hadere und laufe, vorbei an Menschen und Hunden, Schaufenstern und Parkbänken, Straßenbahnschienen und Bushaltestellen. Bis ich endlich stehen bleibe, weil mir ein Duft in die Nase steigt. Ein Duft, der mich daran erinnert, dass es ein geheimes Gesetz gibt, das überall auf der Welt funktioniert: Wenn man verloren ist, kann man sich wiederfinden. Dort, wo es warm ist und wo es nach Essen riecht. Nach frischem Gebäck etwa. In Lissabon – so viel hatte ich bereits von dieser Stadt begriffen – tut es das alle zehn Meter, denn gefühlt alle zehn Meter gibt es eine Pastelaria. Eine Pastelaria in Portugal ist weder eine Bäckerei noch eine Konditorei. Sie ist ein Lebensort. Ein Ort, an dem man sich trifft und sich unterhält. Ein Ort, an dem man morgens kurz die Theke streift, um einen Kaffee zu inhalieren, ehe man zur Arbeit geht. An dem man mittags ein rustikales Essen zu sich nehmen kann, einen „prato do dia". Und ein Ort, an dem man abends noch schnell ein paar „salgados", ein paar salzige Kleinigkeiten, futtert, ehe man sich auf den Weg ins Kino macht.

Die meisten Pastelarias in Lissabon sind unprätentiös, sie haben keinen Stil und trotzdem unendlich viel Charme. Die Wände sind gekachelt oder auch nicht, die Theken verchromt und verglast, die Stühle und Tische aus Plastik oder Metall oder eben ... eben irgendwie so, dass es sich gut sauber machen lässt. Wie bei einem Gebrauchsgegenstand ist Funktionalität von größter Bedeutung. Die eigentliche Einrichtung der Pastelarias ist das Gebäck, das sich in den Vitrinen befindet – und die Kellner, die dieses Gebäck verwalten. Sie sind wach und unglaublich schnell. Jede Bewegung ist gefüllt mit Effizienz, jedes Geschirrklappern ergibt Sinn. Mit sicherer Hand werden Unterteller geschichtet und Heerscharen von Tassen in die richtige Position gerückt. Die Zubereitung eines Kaffees ist von unübertroffen lakonischer Routine: Kaffee zapfen, Unterteller auf Theke, Tasse auf Unterteller, Löffel und Zucker dazu, servieren. Die Kellner arbeiten nicht, sie regieren, sie sind Herrscher eines unaufhörlich rotierenden kinetischen Kunstwerks.

Nun also, nachdem ich Gasse um Gasse hinter mir gelassen habe und endlich stehen geblieben bin, folge ich dem Duft in meiner Nase: Ich betrete eines dieser unaufhörlich rotierenden Kunstwerke, eines, das „Fabrico próprio" auf seinem Namensschild verzeichnet hat, was auf eigene Herstellung verweist und deshalb besonders gelungenes Backwerk verspricht. Tatsächlich birgt die Vitrine ein Schlaraffenland, über das ich zärtlich meinen Blick schweifen lasse. Minutenlang. Dann hole ich Luft und beginne zu bestellen – mit dem Zeigefinger der rechten Hand. Ich bestelle einen Bolo de Arroz, eine Tarte de Amêndoa, ein Pastel de Nata, eine Tarte de Maçã und ein Mil Folhas. Zunächst schmeckt es nach süßem Reis, aber irgendwie auch nach Biskuit, dann nach Mandeln, nach Vanillepudding, nach Apfel und schließlich nach Blätterteig.

Das erste Stück beruhigt mich, das zweite macht mich glücklich. Beim dritten fühle ich mich ausgelassen, und ab dem vierten ist mir schlecht. Ich esse trotzdem weiter, denn mir scheint, ich habe eine ausgesprochen schmackhafte Form der Einbürgerung entdeckt. Ich gönne mir einen Bratapfel, weil es mich überrascht, so etwas Winterliches mitten im Spätsommer in einer portugiesischen Bäckerei zu finden. Und danach probiere ich noch zwei Sorten Kekse: die eine mit roter Marmelade in der Mitte und die andere mit Schokoladenkuvertüre. Zum Schluss soll es etwas Schlichtes, Unaufregendes, den Magen Beruhigendes sein, ein Pão de Leite, ein Milchbrötchen, das hier in Lissabon nicht rund, sondern in die Länge gezogen und wie eine Barke geformt ist. Und da passiert etwas, was mich zutiefst bewegt. Weil es so groß ist, schneidet der Kellner dieses Gebäckstück einmal in der Mitte durch, ehe er den Teller über die Theke schiebt. Es ist nur eine kleine Geste, doch hier in der Fremde erscheint sie mir wie ein unendlich großer Akt mütterlicher Fürsorge: Ein unbekannter Mensch teilt den Kuchen für mich, damit ich ihn leichter genießen kann. In diesem unscheinbaren Vorgang, der sich irgendwo in einer ebenso unscheinbaren Pastelaria nahe des Hospital dos Capuchos vollzieht, finde ich mein erstes Stück portugiesische Heimat. „Obrigada", lächle ich dem Kellner zu, bevor ich mir das Pão de Leite in den Mund schiebe, danke schön. Ich glaube, ich bin soeben ein klitzekleines bisschen angekommen. Und deshalb, so glaube ich, kann es jetzt losgehen.

Es war vor drei Jahren gewesen, als ich mich rettungslos verliebt hatte. Ich war zu einer viertägigen Kurzreise nach Lissabon geflogen – und wollte nicht mehr weg. Weil mich alles, was ich in dieser Stadt sah und erlebte, unmittelbar begeisterte: die Papiertischdecken, die bereitgelegt wurden, als ich mein Mittagessen aß, das Surren der Kaffeemaschinen, das aus den Läden in die Straßen drang, die Schiffshupen, die ich vom Tejo hörte. Ich verliebte mich Hals über Kopf in die beiden alten Herren, die auf einer Parkbank ihr Nickerchen hielten, in die Frau, die ein Holzkistchen mit einem Kanarienvogel spazieren trug, in den Schuhputzer, der sein Werkzeug ordnete, in den Metzger, der ein komplettes Spanferkel über die Straße wuchtete, in die Katze, die von ihrem Frauchen an der Schnur im Jutesack aus dem Fenster auf die Straße hinabgelassen wurde, und in den Kellner, der mit weißem Hemd und schwarzer Hose in der Tür stand, um eine Zigarette zu rauchen. Ich war von einer Sekunde auf die andere verschossen in die Poesie dieser Stadt und fühlte mich, während ich durch all diese Momentaufnahmen hindurchging, wie in einem Film, der gemeinsam von Fellini, Bergman und Kaurismäki gedreht wurde. Nur unter einer Bedingung hatte ich mich damals dazu überreden können, wieder ins Flugzeug nach Deutschland zu steigen – unter der Bedingung, zurückzukehren. Für länger. Für ein ganzes Jahr.

Sieben Stücke portugiesisches Gebäck, ein Bratapfel und ein Kellner waren nötig gewesen, um mich – gebeutelt, wie ich von einem ersten, unverhofft frühen Kulturschock war – an all das zu erinnern. Doch nun, da ich den Magen voll Lissabon habe, steigt Lissabon mir auch zurück ins Herz – begleitet von einer unbändigen, erwartungsvoll prickelnden Neugierde auf all das, was kommen wird.

Ich schiebe die leeren Kuchenteller weg, ziehe das Vokabelheft aus meiner Tasche und finde, dass es viel zu viele leere Seiten hat. Nichts als die zehn Wörter, die ich mir heute im Unterricht aufgeschrieben habe, steht darin. Dabei wartet es doch nur darauf, gefüllt zu werden! Mit Vokabeln. Und mit all den Besonderheiten des portugiesischen Alltags, über die ich in den ersten Tagen stolpere, weil sie so neu sind. So neu und ungewohnt. So aufregend anders eben. Vamos lá!

● Die erste Lektion, die ich in Lissabon erhalte, heißt Suppe. Sie könnte auch Herzlichkeit oder Gastfreundschaft oder Familie heißen, aber ich muss ja nicht gleich mit so großen Begriffen hantieren. Ich habe diese Lektion bereits gestern, zwei Stunden nach meiner Ankunft am Flughafen gelernt, als mir die Familie vorgestellt wurde, bei der ich die kommenden zwölf Monate leben werde. Die Mutter, Marta, ist eine fünfzigjährige schöne Lisboeta, nicht mit dunklen, sondern blonden Haaren und strahlend blauen Augen. Jorge, der Vater, begrüßt mich mit den Worten „Bem-Vindo à Lisboa", willkommen in Lissabon, und Felipe, der einundzwanzigjährige Sohn, der die gleichen blauen Augen wie seine Mutter hat, findet es, glaube ich, nicht so erquickend, dass da jetzt eine Fremde ins Zimmer neben ihm einziehen wird. Aber das macht nichts. Denn jetzt wird erst einmal Suppe gegessen. Ja, ich weiß, mir scheint das auch überraschend und irgendwie unpassend für ein südliches Land, aber Suppe ist von immenser Bedeutung in Portugal. Man kann sie in jeder Pastelaria für einen Euro bestellen und etwas garantiert Köstliches, Hausgemachtes kriegen. Nicht, wie man meinen würde, etwas Leichtes, Kaltes, den Temperaturen Angemessenes. Sondern üppige, schwere, sämig pürierte Gemüsesuppen. Suppen, die ganz weich die Kehle hinunterrinnen und von innen wärmen. Suppen, die irgendwie zufrieden machen. Suppen, die stärken und stabilisieren. Sodass der Schock nicht ganz so groß ist, wenn Marta, die bisher ein sehr gutes Englisch mit mir gesprochen hat, mir nun eröffnet, dass wir ab morgen nur noch auf Portugiesisch reden werden. Weil ich es ja sonst nicht lerne. „Está bem?"

In der zweiten Lektion erfahre ich, dass man in Portugal kein Englisch braucht. Nicht nur, weil Marta Portugiesisch mit mir reden will, sondern weil man hier nicht auf Worte wie O.K. angewiesen ist. Man hat hier nämlich sein eigenes O.K. Und das heißt: „Está bem?", sprich: „Tá bejm." Man muss diese beiden Worte circa 872 Mal pro Tag anwenden und kann das in verschiedenen Schattierungen tun, herausfordernd, ermutigend, vorwurfsvoll, zärtlich. Manchmal kann man auch abkürzen und einfach nur bestätigend „Tá, tá" sagen. Wenn die Sache sowieso schon klar ist. Oder wenn einem vor Schreck darüber, dass ab morgen nur noch Portugiesisch gesprochen werden soll, die Suppe im Hals stecken geblieben ist.

Als Drittes erfahre ich, dass auch jetzt, wo ich mich verschluckt habe, trotzdem alles gut ist. Nicht 872, aber 623 Mal am Tag sagt man hier nämlich „Tudo bem?" – Alles gut, alles klar? Meist im Zusammenhang mit einer Begrüßung verwendet, gibt es darauf die unterschiedlichsten Reaktionsmöglichkeiten. Wer gerade selber nicht so genau weiß, wie er sich in seiner Haut fühlen soll, der kann die Schultern zucken und etwas gequält ein „Mais ou menos ..." („Mehr oder weniger ...") durch die Lippen quetschen; wer sich gerade frisch verliebt oder im Lotto gewonnen hat, wirft seinem Gegenüber ein strahlendes „Sim, tudo óptimo!" zu, alles suuuper! Laut Marta ist Ersteres die portugiesische und Letzteres die brasilianische Variante. Wer sich nicht in nationale Streitigkeiten einmischen möchte, kann aber auch neutral bleiben, sich für die dritte Option entscheiden, es genießen, endlich mal wieder einen Vokal aussprechen zu dürfen, und einfach nur sagen: „Sim, tuuuudo."

Als Viertes wundere ich mich darüber, dass Fado manchmal auch Reggae heißen kann. Marta stellt mir nämlich nun, da wir unsere Suppe gegessen haben, ein weiteres Familienmitglied vor: Bob Marley. Bob Marley ist ein gut genährter getigerter Kater mit einem weißen Fleck unter der Schnauze. Und wenn Bob Marley maunzt, sagt er nicht „Miau", sondern „Machão". Marta meint, das habe damit zu tun, dass Bob Marley vor zwölf Jahren, als kleines unschuldiges Kätzchen mit einer Hündin aufgewachsen ist und deshalb nie wusste, ob er nun bellen oder miauen soll. Ich habe da aber eine andere Theorie. Ich glaube, dass Bob Marley Portugiesisch spricht und deshalb nicht den Reggae, sondern den Fado im Blut hat. Das „ão" am Ende des Wortes verweist eindeutig auf einen der wichtigsten portugiesischen Nasallaute, den Diphtong. Und den hat Bob Marley drauf wie kein anderer. Ich fände es überheblich, meiner frisch gewonnenen und so liebenswürdigen portugiesischen Gastfamilie gleich am ersten Tag mit Reformen ins Haus zu fallen. Ich möchte auch das Tier nicht unnötig verwirren. Deshalb behalte ich es erst einmal für mich, dass ich Bob Marley soeben umgetauft habe. Er ist nun nach einer der berühmtesten Fado-Sängerinnen aller Zeiten benannt und heißt Amália. Amália Rodrigues.

● Das Fünfte, was ich von den Portugiesen lerne, ist Höflichkeit. „Zzzzz … zzzzz", zischt es in den ersten Tagen immer dann, wenn jemand auf den schmalen Trottoirs an mir vorübergeht. Anfangs zucke ich zusammen und frage mich, ob die Leute etwas gegen mich haben, dann identifiziere ich hinter den beiden Konsonanten ein Wort: „Com licença", raunen mir die Menschen zu, was so viel wie „Sie gestatten" bedeutet. Bei jeder Gelegenheit, egal, ob man eng an jemandem vorbeistreift oder sich im Café zu jemandem an den Tisch setzt, ja, letztlich immer dann, wenn man eine Grenze überschreitet und den Bereich des anderen betritt, wird um Erlaubnis gebeten. Und das geht weit über eine bloße Floskel hinaus.

An der Bushaltestelle reiht man sich gehorsam in einer Schlange auf – und selbst dann, wenn alles geregelt scheint, lässt beim Einsteigen in den Bus jeder dem anderen den Vortritt. Weshalb es passieren kann, dass manchmal vor lauter Beflissenheit gar nichts mehr geht. Im Innern des Busses mündet diese gute Erziehung in ein skurriles Bäumchen-Wechsel-dich-Spiel: Die Vorderen rücken nach hinten auf, um den neu zusteigenden Fahrgästen Platz zu machen, vor allem den älteren und gebrechlichen Menschen. Auch im Supermarkt herrscht Entgegenkommen: An der Kasse werde ich vorgelassen, weil ich zwei Salatköpfe weniger in meinem Einkaufskorb habe als die Dame vor mir. Und in der Straßenbahn bietet mir ein Herr seinen Platz an, damit der Kuchen, den ich in der Hand balanciere, wohlbehalten zu Hause ankommen kann.

● Für die sechste Lektion fehlt mir das richtige Wort, deshalb sage ich provisorisch, dass die sechste Lektion, die ich von den Portugiesen lerne, Dezenz ist. Weil ich mich hier in den ersten Tagen wie ein Elefant im Porzellanladen fühle. Wenn ich morgens mit nassen Haaren das Haus verlasse, im Gehen ein Stück Gebäck in mich hineinschlinge und mit einem kräftigen Schluck aus der Wasserflasche nachspüle, dann weiß jeder, aber auch wirklich jeder, dass ich eine Ausländerin bin. Eine Portugiesin würde sich weder ungeföhnt auf die Straße wagen noch ebendort essen oder trinken. Wenn ich, weil ich ein kleines bisschen lernfähig bin, darauf verzichte, auf der Straße zu frühstücken und stattdessen in eine Pastelaria gehe, um eine „Torrada" zu verzehren – eines jener fluffigen Weißbrote, die getoastet und dick mit köstlicher gesalzener Butter bestrichen werden –, und mir dabei genüsslich die fettgetränkten Finger ablecke, dann weiß jeder, aber auch wirklich jeder, dass ich eine Ausländerin bin. Denn als Portugiese nimmt man die

Torrada selbstverständlich mit Serviette in die Hand. Dafür sind die dünnen Papiertücher, die auf jedem Tisch in einer Metallbüchse bereitstehen, ja schließlich da.

● Als Siebtes muss ich einsehen, dass der Gehweg nicht nur den Fußgängern gehört. Genauso wenig, wie er nur den parkenden Autos vorbehalten ist. Nein, auch Tretminen haben ein Recht auf ein Zuhause. Deshalb kann man in einer pittoresken Stadt wie Lissabon gerne den Blick auf die Häuserfassaden und die Aussicht richten – doch es empfiehlt sich, bei einem Gang durch die Straßen immer auch den Boden im Auge zu behalten, eben wegen der Hundehaufen. Alle paar Meter findet sich einer, je nachdem frisch deponiert oder bereits von einem tolpatschigen Fuß, der meist einem Touristen gehört, zu einem schönen abstrakten Gemälde verteilt. Wer will, kann im Zusammenhang mit dieser Lektion auch lernen, den Vierbeinern bei der Verrichtung ihrer Arbeit auf dem Trottoir ebenso versonnen und liebevoll zuzuschauen, wie das die Besitzer tun.

● Als Achtes will ich einfach nicht akzeptieren, dass es hier nie eine Tüte zu viel gibt. „Não preciso do saco – Ich brauche keine Tüte" ist einer der ersten Sätze, den ich absolut fehlerfrei aussprechen kann. Doch egal, wo ich einkaufe, und egal, ob ich sie will oder nicht – die Verpackung wird an jeder Kasse automatisch mitgeliefert. Garniert mit einem Lächeln der Kassiererin, die sich, schwankend zwischen Fassungslosigkeit und Mitleid, zu fragen scheint, warum ich meinen Feldzug gegen die Plastiktüten dieser Welt denn ausgerechnet auf portugiesischem Gebiet führen muss.

● Das Neunte, was ich lerne, ist spucken. Wenn man an der Straßenbahnhaltestelle steht und wartet, kann man sich die Zeit damit vertreiben, einfach mal zwischendurch auf den Boden zu spucken. Ein Hobby, das sich auch im Gehen ausüben lässt – vom Trottoir gezielt auf die Straße etwa. Doch diese Lektion, so fällt mir gerade auf, muss ich mir wieder abgewöhnen. Sie ist nämlich leider nur für Männer gedacht.

Ich könnte stattdessen mit dem Rauchen anfangen, weil das hier alle, insbesondere die Frauen, tun. Aber das überlege ich mir noch.

● Als Zehntes begreife ich, dass Anhalten manchmal besser ist als Laufenlassen. Öffentliche Toiletten in Lissabon sind eine Spezies für sich, denn entweder sind sie total verschmutzt oder aber mit einem Chlor-Reinigungsmittel so nachhaltig geputzt, dass man Gefahr läuft, die Nasenschleimhäute zu verlieren. Das Türschloss funktioniert nur selten, oft ist es gar nicht existent, sodass man ein bisschen akrobatisches Geschick unter Beweis stellen muss, um gleichzeitig sein Geschäft zu verrichten, sich vor unerwarteten Besuchern zu schützen und sich gegebenenfalls wegen des Chlorgeruchs die Nase zuzuhalten. Da die Abflussrohre alt und schnell überfordert sind, wird man außerdem in den meisten öffentlichen Toiletten, manchmal auch in Privatwohnungen, darum gebeten, das Papier nicht in die Kloschüssel, sondern in den bereitgestellten Korb zu werfen. Nicht selten hat der Korb einen Deckel und trägt so seinen bescheidenen Anteil dazu bei, die logistischen und gymnastischen Anforderungen der Unternehmung zu erhöhen. Es empfiehlt sich also, den Gang zur Toilette in Lissabon nicht leichtfertig, sondern mit einem gewissen Verantwortungsgefühl zu behandeln und zuvor eine kleine Meditation einzulegen, um sich mental zu sammeln.

● An der elften Lektion scheitere ich. Vorerst zumindest. Sie ist aber von immenser Bedeutung für den Alltag in Lissabon, sodass ich sie nicht einfach links liegen lassen darf. Doch ich denke, dass ich in diesen ersten beiden Wochen, die wie im Flug vergangen sind, so viel Neues gelernt und so viele Seiten in meinem Vokabelheft gefüllt habe, dass ich kurz durchatmen kann. Ich kann es mir erlauben, mich in Zuversicht zu üben, denn ich habe nun zwar keine solide, aber eine anfängliche Basis für den Alltag in Lissabon. Ich kann endlich meine Koffer auspacken, kann mit Marta und Jorge eine Suppe zu Abend essen und den Kater Bob Marley alias Amália Rodrigues ausnahmsweise – aber nur dieses eine Mal – bei mir im Bett übernachten lassen. Ich kann mich darauf freuen, dass morgen auch noch ein Tag ist. Morgen ist der 1. Oktober. Morgen kann es weitergehen. Mit meinem neuen Leben in Lissabon und der elften Lektion: „Hügel – oder Auf und Ab".

Outubro

ANGEBLICH, SO WILL ES EINER DER VIELEN ENTSTEHUNGS-
MYTHEN, die sich um Lissabon ranken, sei die Stadt von
Odysseus gegründet worden – auch er ein Seefahrer, viel-
leicht der erste der Weltgeschichte. Ein Meeresungeheuer
habe sich ihm beim Schippern durch den Atlantischen
Ozean in den Weg geschlängelt und er habe es kurzerhand
„erlegt" – auf den zusammengekringelten Überresten des
Ungetüms sei die Stadt „Ulissipo" mitsamt ihrer sieben
Hügel, mitsamt ihrer „bucklichten" Geografie entstanden.
Wer Lissabon erstmals bereist, den besticht vielleicht am
meisten diese hügelige Beschaffenheit und das, was sie mit
sich bringt: dass sich beim Flanieren durch die Stadt immer zugleich auch ein Ausblick auf sie eröffnet, dass sich
die Perspektive immer wieder überraschend von Zoom auf
Vogelperspektive schaltet und man unverhofft Lissabon als
Ganzes sehen kann. Mal liegt es einem zu Füßen mit seinem orientalisch anmutenden Kaleidoskop aus schmalen,
steilen Gässchen und Treppen, seinem verwinkelten Chaos
aus weißen Wänden und orangefarbenen Steinen. Mal kann
man es von unten, aus der klaren Struktur der Baixa heraus, dabei betrachten, wie es sich zärtlich an die Hügel
schmiegt. Immer jedoch zeigt es sich dem Auge, offenbart
sich, bietet sich dar in seiner hinreißend kruden Gemenge-
lage.

Schon bei meinem ersten Besuch vor drei Jahren hatten mich diese Anblicke fasziniert, und auch jetzt, im Alltag, bezaubern sie nicht minder. Nachdem nun aber zwei
Wochen hinter mir liegen und meine Beinmuskulatur und

ich begriffen haben, dass wir dieses Mal nicht als flüchtige Touristen hier sind, beschleicht mich beim Gedanken an Odysseus immer öfter die Frage, warum er die größeren sterblichen Überreste des Ungeheuers nicht einfach mit nach Griechenland genommen hat, als er sich auf den Nachhauseweg machte. Ich wandere gern, doch lieber im Gebirge als in der Stadt, noch dazu einer solchen, in der der Untergrund aus rutschigen, holprigen Pflastersteinen besteht, an denen sich die Zehen durch die Sohlen hindurch festkrallen müssen, um nicht kurzerhand wieder bergab zu gleiten. Wie manche Portugiesinnen hier mit Stöckelschuhen reüssieren können, ist mir ein absolutes Rätsel. Lissabon, so meine Theorie, besitzt eigene physikalische Gesetzmäßigkeiten, denn die Schwerkraft funktioniert hier anders als im Rest der Welt. Magneten scheinen unter den Trottoirs verborgen, und selbst die Treppenstufen sind definitiv höher und anstrengender als anderswo. Vielleicht muss man hier geboren sein, um die Steigung bewältigen zu können, immerhin sehe ich auch Achtzigjährige, die wacker bergauf unterwegs sind. Wohingegen die drei Radler, die mir bisher begegnet sind, immer nur abwärts fahren, weshalb ich sie bald im Verdacht habe, für die umgekehrte Richtung sich selbst und das Fahrrad in den Bus zu packen. Doch es hilft nichts, die Hügel sind da, die Pflastersteine auch, physikalische Gesetze lassen sich nicht außer Kraft setzen, höchstens überlisten, und so beschließe ich, ab sofort meinen inneren Schweinehund zu überwinden und zwei Mal pro Woche schwimmen zu gehen, um meine Kondition den Gegebenheiten Lissabons anzupassen.

Öffentliche Schwimmbäder sind rar in Lissabon, auf dem Stadtplan nicht eingezeichnet und auch in meinem Reiseführer nicht vermerkt. Es dauert eine Weile, bis ich mir von all meinen bisherigen Bekanntschaften ein ratloses Kopfschütteln abgeholt habe und dann doch noch per Zufall ein „piscina" in meiner Nähe ausfindig machen kann. Und es dauert eine noch viel längere Weile, bis die Dame am Schalter, die kein Englisch spricht, alle verfügbaren Mitarbeiter des Hauses herbeigetrommelt hat, um mich in die komplizierte Logistik eines Stundenplans einzuweihen, der darüber verfügt, wann das Schwimmbad wegen der Schulklassen und Seniorenkurse geschlossen und wann es frei zugänglich ist – und wie viele Bahnen dann jeweils benutzbar sind. Die Notwendigkeit dieses ausgeklügelten Systems erschließt sich mir, als ich die Größe des Schwimmbads realisiere: ganze drei Bahnen breit, 15 Meter lang und 1,20 Meter tief, eine Miniatur gewissermaßen, dafür mit wunderhübsch bemalten Kacheln und durch die Fensterfront hereinfallenden Sonnenstrahlen versehen. Für ein Volk, das dem Wasser historisch und geografisch so eng verbunden ist, schwimmen die Portugiesen höchst ungern, viele Angehörige der älteren Generation haben es auch nie gelernt, mehr als einmal beobachte ich berührende Szenen, wie etwa eine junge Frau einer alten Dame das Schwimmen beibringt. Schwimmbäder, so lerne ich, sind auch weniger zum Schwimmen da als vielmehr zur Aquagymnastik – daher die geringe Wassertiefe. Folgerichtig begrüßt mich in der Umkleidekabine eine Gruppe fröhlich lärmender Hausfrauen, die sich mit dem Schlachtruf „Vamos trabalhar – Lasst uns arbeiten!" in die brühwarmen Fluten stürzen, um unter der Anleitung des Bademeisters, eines Kolosses mit T-Shirt-Aufdruck „Nador Salvador" (was eigentlich „Rettungsschwimmer" heißt, mich aber dazu verführt, ihn „Schwimmer Salvador" zu nennen), ihre Muskeln zu trainieren und sie so für die Berge Lissabons zu stählen. Michael Jackson und ABBA helfen, Busen und Wasser in Wallung zu bringen, und während ich beginne, daneben meine Bahnen zu ziehen, kann ich staunend beobachten, wie sich die sorgsam unter Badehauben verborgenen Köpfe zu immer neuen Formationen gruppieren. Mal heben sich die Arme grazil aus dem Wasser, mal tauchen sie wieder unter, mal neigen sich die Schultern nach links, mal zeigt sich kess ein Fuß. Wie das Papier im Proust'schen Wasserglas entfalten sich Choreografien von einer solchen Eleganz, dass ich die Damen „as sereias de Lisboa – die Wassernixen von Lissabon" taufe.

Doch nun kommt Nadador Salvador zu mir, und während ich mich noch frage, ob er mich vielleicht einladen will, an der Vorführung teilzuhaben, hat er nur einen Satz für mich übrig, den er aber drei Mal wiederholen und mit vehementer Zeichensprache untermalen muss, bis ich ihn sowohl sprachlich als auch inhaltlich verstanden habe: Es sei hier nicht erlaubt, im Bikini zu schwimmen, beim nächsten Mal müsse ich einen ganzteiligen Badeanzug tragen.

Wie in einer geheimen choreografischen Verabredung drehen sich die Köpfe der Sereias de Lisboa synchron zu mir. 21. Jahrhundert. Punkt. Europa. Punkt. Und ich darf nicht im Bikini schwimmen – Fragezeichen! Warum? Entspricht mein blau-weiß gestreifter Zweiteiler nicht den ästhetischen Anforderungen? Habe ich gegen hygienische, kulturelle oder religiöse Vorschriften verstoßen? Handelt es sich um eine Intrige, um Schikane, um Wichtigtuerei? Noch sind meine Portugiesischkenntnisse zu rudimentär, um eine Diskussion mit Nadador Salvador zu eröffnen. Ganz sicher ist mit ihm auch nicht zu spaßen, denn wer den Matador im Namen trägt und täglich Heerscharen von Seniorinnen in Bewegung versetzt, muss sich nicht unter Wert verkaufen. Es bleibt mir also nichts anderes übrig, als mich dem Gesetz zu beugen. Doch ich möchte es auf besondere Weise tun – und so, dass es den Eigentümlichkeiten der Stadt angemessen ist. Deshalb kaufe ich meinen Badeanzug nicht etwa im

Sportgeschäft, sondern in der Baixa, Lissabons Unterstadt, in der sich ein altertümlicher Laden an den anderen reiht und nicht nur die Gebäude, sondern auch die in ihnen ausgestellten Waren unter Denkmalschutz zu stehen scheinen. Der eine Ladenbesitzer verkauft Knöpfe und Fadenrollen, der andere Strickwaren und Wolle, der nächste altmodische Kittelschürzen, Morgenmäntel – und immerhin drei Badeanzüge. Unmittelbar sticht mir ein Prachtstück für die Frau ab siebzig ins Auge, mit halblangem Bein und integriertem Spitzbusen-BH, floral in geschmackvollem Braun-Orange gemustert, dezent und glamourös zugleich mit feinen Goldfäden durchwirkt. Die Patina wird kostenlos mitgeliefert, denn hier schlummert ein Ladenhüter, der seit sicherlich vierzig Jahren nicht wachgeküsst wurde. Ob er denn nicht viel zu groß für mich sei, fragt mich der Verkäufer verstört, die Verwirrung ist ihm ins Gesicht geschrieben. Da ich ihm eine schlaflose Nacht ersparen will, erlöse ich ihn und sage, es sei ein Geschenk für meine Großmutter, woraufhin er mir das Fossil strahlend und sorgsam in Packpapier wickelt, ehe er es über die Theke schiebt. Die Frau Großmutter werde bestimmt zufrieden sein, solch eine gute Qualität gebe es heutzutage nur noch selten – und als ich beim nächsten Schwimmbadbesuch die Kinnlade von Nadador Salvador herunterklappen sehe, bin auch ich überzeugt, einen hervorragenden Kauf getätigt zu haben.

Ich bin nun stolze Besitzerin eines hinreißenden Badeanzugs und einer zunehmend kräftiger werdenden Beinmuskulatur. Davon abgesehen kann ich zahlreiche weitere Lernerfolge verbuchen, die ich wie stolze Trophäen in meinem Notizbuch gesammelt habe:

● Nach zwei Wochen Intensivsprachkurs nenne ich einen Wortschatz von etwa 300 portugiesischen Vokabeln mein eigen, darüber hinaus rudimentäre Kenntnisse der portugiesischen Grammatik und eine kleine Sammlung von Lieblingswörtern. Diese Sammlung habe ich mir aus strategischen Gründen angelegt: Ich brauche sie schlicht und ergreifend, um mich bei Laune und bei der Stange zu halten, wenn ich mich mal wieder wie ein Kleinkind beim verzweifelten Ringen um Ausdruck fühle. Es ist eine recht eigenwillige Sammlung und zugegebenermaßen eine, die nicht unbedingt den Erfordernissen des Alltags standhält. Aber sie gefällt mir. An oberster Stelle steht ein Wort, das einfach unschlagbar ist: „pastilha elástica" (sprich: päschtilja eläschtikä). Das heißt Kaugummi, und wie es die Portugiesen schaffen, einem so prosaischen Gegenstand Poesie einzuflößen, erhält meine höchste und sprachloseste Bewunderung. Nicht minder poetisch finde ich „o céu da boca – der Himmel des Mundes", soll heißen: Gaumen. Ganz besonders gern höre ich auch „é verdade – das stimmt". Vor allem wenn ältere Portugiesen männlichen Geschlechts dieses Wort benutzen, klingt es wie ein kräftiger alter Wein oder wie eine knarrende Tür: Ä vrdäd.

Ich würde nicht so weit gehen, zu behaupten, dass ich mich mit der portugiesischen Sprache angefreundet habe, aber ich habe Seiten an ihr entdeckt, die ich charmant finde. Und die ich mir ins Gedächtnis rufe, wenn ich abends ab 18 Uhr vor lauter Erschöpfung nur noch in Infinitiven reden kann. Oder wenn ich nachts aufwache, weil ich mal wieder vom Dativ geträumt habe.

● Darüber hinaus habe ich festgestellt, dass ich über ein beachtliches hochstaplerisches Potenzial verfüge. Darauf greife ich jeden Tag zurück, nämlich immer dann, wenn ich in ein kleines Café namens „Sol e mar" in der Nähe des Coliseu gehe, wo es für vier Euro einen hervorragenden Mittagstisch, einen „prato do dia", gibt und wo ich Russisch Roulette zu spielen pflege – Russisch Roulette auf Kulinarisch. Vier Gerichte stehen täglich zur Auswahl, mit schwarzem Filzstift auf eine Papiertischdecke geschrieben und an die Eingangstür geheftet – vier Gerichte, deren Namen ich nie gehört habe und von denen ich nur so viel verstehe, dass zwei davon Fisch und zwei davon Fleisch enthalten. Natürlich will ich mir nicht die Blöße geben, unter all den Portugiesen, die dort zu Mittag essen, das Dicionário aus der Tasche zu holen – es würde dieses geheimbündlerische Küchen-Vokabular sowieso nicht kennen. Deshalb gehe ich täglich aufs Ganze und wähle nach phonetischen Vorlieben aus. Ich versuche, so professionell wie möglich zu bestellen, indem ich alle bisher gelernten Regeln der Aussprache berücksichtige und mir außerdem gegenüber der Bedienung nicht anmerken lasse, dass ich keine Ahnung habe, wovon ich spreche. Während ich auf das Essen warte, blättere ich interessiert in einer portugiesischen Tageszeitung und bleibe nur zufällig länger an den Fotografien als am Leitartikel hängen. Und wenn das Essen dann serviert wird, zucke ich mit keiner Wimper. Wirklich, mit keiner Wimper. Auch dann nicht, wenn sich herausstellt, dass es sich bei dem so lieblich und vielversprechend klingenden Namen „Dobrada à Portuguesa" um Kutteln handelt.

● Und schließlich habe ich mich in einer der zentralen Disziplinen des portugiesischen Alltags schlau gemacht und weiß nun, wie man sich landesgerecht begrüßt und verabschiedet: Küsschen links, Küsschen rechts; auch wenn man das Gegenüber noch gar nicht kennt, ist sofort Tuchfühlung angesagt. Anfangs ist das für mich so ungewohnt, dass ich den neuen Bekanntschaften, die sich just dann zu mir herüberbeugen, wenn ich zum förmlichen deutschen Gruß ansetze, beinahe die ausgestreckte Hand in den Bauch ramme. Küsschen, „Beijinhos" genannt, gibt man sich auch zum Abschied – und sogar am Telefon. „Está bem, até logo! Bis später. Beijinhos, beijinhos!" So ungefähr kann ein portugiesisches Telefongespräch enden, wobei die Bejschiiieeenhosch auf dem mittleren Vokal genießerisch in die Länge gezogen und mit viel Liebe in der Stimme gewürzt werden.

Noch viel besser als das Ende gefällt mir allerdings die Eröffnung eines Telefongesprächs, und da in Portugal viel und gerne und überall mit dem Telemóvel gesprochen wird – auf der Straße, im Bus, im Café –, habe ich oft Gelegenheit, in den Genuss dieser einzigartigen Eröffnungsfloskel zu kommen. Nicht ihren Namen, sondern „Estou" sagen die Portugiesen, wenn sie den Hörer abnehmen, was wörtlich übersetzt so viel heißt wie: „Ich bin da, ich bin hier." Ich muss gestehen, dass mir vor meinem Aufenthalt in Lissabon nicht klar gewesen ist, welch metaphysische Abgründe der alltägliche Akt des Telefonierens in sich birgt. Ich. Bin. Da. Ich. Existiere. Ich telefoniere, also bin ich. Descartes? Heidegger? Sartre? Wer ruft da wohl gerade an? Und wie bewundernswert existenzialistisch sind diejenigen Zeitgenossen, die es wagen, die Begrüßung als Frage zu formulieren, indem sie die Stimme zweifelnd nach oben ziehen: „Estou? Bin ich da?" Nachdem ich mich anfangs noch schüchtern mit „Olá?" gemeldet hatte, wenn mein Handy vibrierte, steige ich neuerdings in den Diskurs ein und eröffne das Gespräch ebenfalls mit „Estou", je nach Tagesform forsch oder fragend, immer aber begierig nach philosophischem Austausch.

* * *

Und jetzt, in eben diesem Moment, klingelt mein Handy, und am anderen Ende signalisiert Inês mir, dass sie existiert. Inês ist mein „Intercambio", meine Tandempartnerin, sie hilft mir dabei, meine Sammlung an Lieblingswörtern zu erweitern. Einmal pro Woche treffen wir uns, um zu plaudern, mal auf Portugiesisch, mal auf Deutsch, und im Gegensatz zu mir spricht Inês nicht nur hervorragend Portugiesisch, sondern auch ein ziemlich gutes Deutsch. „Isch abe vor langer Zeit ein Jahr lang in Ildeseim als Au-pair-Mädschen gearbeitet", hatte sie mir bei unserem ersten Treffen erzählt. Wenn Portugiesen Deutsch reden, klingt es fast, als hätten sie einen französischen Akzent: Das ch wird als Gelegenheit genutzt, um – wie sollte es anders sein – geschickt ein sch zu platzieren, und das h ist eine Hürde, die lieber umgangen wird. Der Akzent gefällt mir so gut, dass ich mich ganz uneigennützig frage, wieso eigentlich nicht alle Portugiesen ein so schönes Deutsch sprechen wie Inês.

Inês hat schwarze Haare und ein wunderhübsches Gesicht mit großen, dunklen Augen, ist stets ein wenig blass, von zierlicher Statur und Lehrerin für Mathematik und Chemie. Wenn ich auf Portugiesisch radebreche, korrigiert sie mich fast nie, obwohl ich genau weiß, dass ich unzählige Fehler mache. Dass sie mich nicht korrigiert, hat sowohl mit der portugiesischen Höflichkeit als auch mit der portugiesischen Dezenz zu tun und ist zwar meinen sprachlichen Fortschritten nicht zuträglich, unserer beginnenden Freundschaft aber schon. Als Dankeschön für ihre Dezenz habe ich es im Gegenzug vermieden, sie genauer danach zu fragen, wie ihre Zeit in Hildesheim war. Ich ahne aber, dass sie sich nicht so gerne dort aufgehalten hat, denn eine ihrer ersten Fragen war, ob es das „Schönes-Wochenende-Ticket" der Deutschen Bahn noch gebe, von dem sie damals so gerne Gebrauch gemacht habe.

Das schöne Wochenende liegt nun auch vor uns, und wir wollen es neben unserem interkulturellen Plausch mit

Einkaufen verbringen – in einem der besten „Einkaufszentren" der Stadt, dem Feira da Ladra, dem Markt der Diebin. Ein Flohmarkt, der sich jeden Dienstag und Samstag über den Campo de Santa Clara nahe dem Pantheon ergießt und der ein schier unerschöpfliches Warenparadies feilbietet: alte Klamotten, alte Bücher, alte Schuhe, eine Hundeleine in Form von Würsten, ein Schaukelpferd und viele Barbiepuppen, CDs und Videospiele, Kacheln und Keramik, Knöpfe und Spitzen, aber auch nagelneue Unterwäsche vom Push-up-BH bis zum Tiger-String – alles, aber auch wirklich alles lässt sich hier ertrödeln. An den Ständen residieren sowohl die professionellen Händler, die hinter einem üppigen Angebot auf Kundschaft warten, als auch die alte Dame von nebenan, die ihren Pelz verkaufen muss, oder die Wohngemeinschaft, die sich auflöst und deshalb den Küchentisch loswerden will. Mit einem riesigen Sortiment alter Schellackplatten lässt sich ebenso ein Markt eröffnen wie mit einem einzigen Paar Schuhe. Der Feira da Ladra ist eine Welt, durch die sich stundenlang mäandern und in der es sich nicht nur einkaufen, sondern auch leben lässt: Kartenspielende Männer, die mit Plastiktüten auf dem Kopf ihre Glatze vor der Sonne schützen, sitzen zwischen den Ständen, die Händler packen mittags ihr Picknick aus und zwitschern den ersten Wein, Kinder spielen Ball.

Dabei handelt es sich nicht nur im literarischen, sondern auch im realen Sinne um den Markt der Diebin: Viele der Batterien und Headsets, viele der Parfums und Cremes, die zum Verkauf bereitliegen, sind noch fabrikneu verschweißt – also vermutlich gestohlen. Über den Feira da Ladra zu schlendern heißt deshalb, sowohl alles finden und entdecken zu können als auch sorgsam die Handtasche festzuhalten, um nicht gleichzeitig alles zu verlieren. Deshalb kursieren in Lissabon viele Geschichten darüber, wie jemandem etwas gestohlen wurde und er es auf dem Feira da Ladra ein zweites Mal kaufen konnte ... „Als mir mein Laptop geklaut wurde, haben mir viele Freunde gesagt: ‚Geh morgens um fünf Uhr auf den Feira da Ladra – da findest du ihn bestimmt wieder‘“, lacht Inês. Und die Polizei? Die duldet es schweigsam, zumal die wirklich „heiße Ware“ unsichtbar hinter dem Ladentisch vertickt wird, und kauft selbst gerne in diesem unerschöpflichen Freiluftgeschäft ein. Auf dem Feira da Ladra sind die Gesetze eben in jeder Hinsicht außer Kraft gesetzt.

„Então, vamos dar uma olhada“, schauen wir mal, was es so gibt. Inês sucht Schuhe, und ich blättere die gesamten Ausgaben Jahrgang 1960 der „Benfica illustrado“ durch, der Vereinszeitschrift eines der beiden Fußballclubs Lissabons. Die alten Ansichtskarten gefallen mir ebenfalls gut, aber schließlich kaufe ich mir ein Buch auf Portugiesisch, um, wie es so schön heißt, meine Sprachkenntnisse zu verbessern. Es ist ein Buch für Kinder ab acht Jahren, und der Wortschatz scheint mir meinem derzeitigen Niveau angemessen. Außerdem bleibe ich bei einem Fön hängen, der schlappe zwei Euro kosten soll. „Funciona?“, frage ich den Verkäufer, denn selbstverständlich ist keine Steckdose in der Nähe, um den Lebenswert des guten Stücks zu testen. „Sim, sim, trabalha“, versichert mir der ältere Herr so grantig, als habe ich mit dieser Frage an seiner Verkäuferehre gekratzt. Está bem, ich nehme ihn, für zwei Euro lässt sich schließlich nicht viel falsch machen.

Ich verstaue den frisch erworbenen Fön in meinem Rucksack, Inês hat die Suche nach den Schuhen für heute aufgegeben und sich stattdessen eine Bluse gekauft. Nun setzen wir uns in eines der Lokale auf dem Feira da Ladra und bestellen einen Kaffee. Das heißt: Wir bestellen natürlich nicht einfach einen Kaffee. Denn die Kaffee-Kultur in

Lissabon ist so vielfältig, dass sie bisweilen an die österreichische erinnert, nur, dass die Portugiesen nicht so viel Aufhebens darum machen. Wachen Ohres durch die Straßen gehend, kann man das Geräusch der surrenden Kaffeemaschinen überall hören, es gehört untrennbar zum Alltag der Stadt. Wer in Lissabon einen „Café" (sprich: kaffä) bestellt, bekommt eine homöopathische, kräftige Dosis schwarzer Flüssigkeit serviert, die so unmittelbar wie eine Injektion wirkt. Eine Art Espresso, die aber anders schmeckt, herber und milder zugleich, eigen eben. „Bica" nennt man das in Lissabon und ausschließlich in Lissabon. Wer diesen schwarzen kleinen Kaffee noch schwärzer und homöopathischer haben will – so, wie Inês beispielsweise –, der sollte nach einem „Curto" fragen, wer ihn lieber mit ein bisschen Wasser streckt, bestellt einfach einen „Cheio", einen Vollen. Wer einen kleinen Spritzer Milch benötigt, ist mit dem „Garoto", dem Straßenjungen, bestens versorgt, und Freunde des Milchkaffees können entweder eine „Meia da leite" oder natürlich, ganz ultimativ, einen „Galão" trinken.

Obwohl ich erst seit wenigen Wochen in Lissabon bin, liebe ich den portugiesischen Kaffee bereits heiß und innig. Ich habe am eigenen Leib erfahren, dass er glücklich macht, und bin deshalb dazu übergangen, ihn genauso zärtlich wie die Portugiesen „Cafézinho – Kaffeechen" zu nennen. Und während Inês und ich vor unserem köstlichen, glücklich machenden portugiesischen Kaffee sitzen, drängt sich uns das Gespräch zweier deutscher Touristen auf, die sich, beide mit einer verhärmten Tasse Tee vor sich, von Tisch zu Tisch austauschen. „Nee, normalerweise steh ich nich so auf Tee, ist nur ne Notlösung. Der Kaffee hier is ja nich schlecht, aber is halt nich Italien hier." – „Ja, geht mir genauso, ich versteh aber auch nicht, dass die so was wie Latte macchiato hier nicht kennen, das ist einfach noch nicht angekommen. Hab gestern versucht, einen zu bestellen, ham se einfach nicht verstanden, nur als ich Caffè Latte gesagt hab, fiel dann irgendwann der Groschen." – „Wobei ich die Erfahrung gemacht hab, dass sie sich unter Capuccino was vorstellen können, aber das gibt's natürlich auch schon ein paar Jahre länger." – „Ja, daran wird's wohl liegen. Wahrscheinlich wird der Latte macchiato auch irgendwann mal hier ankommen, aber halt erst in ein paar Jahren. Dauert einfach alles 'n bisschen länger bei den Portugiesen."

Die Palette der hämischen Kommentare ist bei solch einer Vorlage natürlich verlockend groß: Man könnte die beiden Herren nun in Verlegenheit bringen, indem man sie auf Deutsch ansprächte und sich erkundigte, ob sie sich das, was sie gerade gesagt haben, bei Loriot abgeschrieben haben. Man könnte theatralisch werden und aus dem Stegreif eine Szene hinlegen: ihnen einen Galão auf den Tisch knallen, sie fragen, was das wohl ist, und ihnen empfehlen, das nächste Mal doch einfach wieder nach Italien zu fahren. Man könnte es aber auch gar nicht so wichtig finden, was die beiden Herren sagen, sich in Dezenz hüllen, Inês verschwörerisch zuzwinkern, noch einen Schluck von dem glücklich machenden Galão nehmen – und sich dabei irgendwie portugiesisch fühlen. Und genau so mache ich es jetzt auch.

Möglicherweise, weil ich es genau so gemacht habe – weil ich mir den schnippischen Kommentar verkniffen und mich stattdessen in Zurückhaltung geübt habe –, erzählt mir Inês nun, dass ihr Freund und sie sich gestern getrennt haben. O mein Gott! Stunden haben wir zusammen verbracht, ohne dass sie sich auch nur die geringste Spur hat anmerken lassen, ohne dass sie sich auch nur einen Ton gesagt hat! Jetzt kämpft sie mit den Tränen, und ihre Stimme wird ganz dünn, als sie mir langsam, Wort für Wort, in perfekt gesetztem, mit französisch-portugiesischem Akzent versehenen Deutsch erklärt: „Er hat sich eine Woche lang nicht gemeldet und gestern sagte er: ‚Ich wollte sehen, ob ich dich vermisse.‘ ‚Und‘, habe ich gefragt, ‚hast du mich vermisst?‘ ‚Nein‘, hat er geantwortet. Da habe ich ihm gesagt, dass es besser ist, wenn er geht.“

Da sitzt sie, meine Inês, so traurig und zerbrechlich, dass es mir fast das Herz zerreißt. Und was mache ich jetzt? Kann ich eine Portugiesin, die ich erst seit Kurzem kenne, einfach so in den Arm nehmen? Oder muss ich vorher „com liçença“ sagen? Verdammt noch mal, wir sind doch hier nicht in Japan! Ich überwinde meine Scheu, drücke Inês an mich und murmle den hilflosesten aller hilflosen Sätze, weil er eben manchmal doch ein kleines bisschen trösten kann: „Vai ficar tudo bem.“ Alles wird gut.

✳ ✳ ✳

Gleich beim nächsten Schwimmbadbesuch, nachdem ich unter Aufsicht von Nadador Salvador und neben den wie immer beeindruckend grazilen Sereias de Lisboa meine Bahnen gezogen habe, probiere ich meinen neuen, auf dem Feira da Ladra erworbenen Fön aus. Er ist so laut wie ein Düsenjet und so effektvoll wie der Atem eines verendenden Rehs. „Está partido“, stellen meine Wassernixen in der Umkleidekabine fest, während der Fön im Todeskampf noch ein paar Sekunden erschöpft vor sich hin röchelt. „Der ist kaputt.“ – „Da haben Sie wohl recht“, seufze ich nicht minder erschöpft als der Fön. Kein Wunder, dass der Verkäufer „trabalha“ und nicht „funciona“ gesagt hat – zwar funktioniert er nicht, der Fön, aber ja, in der Tat, er arbeitet mit aller Kraft ...

Also laufe ich weiterhin mit nassen Haaren durch Lissabon. Was aber nicht schlimm ist, denn sie trocknen hier schnell. Ich brauche mich nur ein paar Minuten in die Sonne zu setzen, zum Beispiel hier, auf diesen hübschen kleinen Platz – und begreifen, dass Lissabon in Wahrheit ein Dorf ist. Oder vielmehr: Lissabon ist viele Dörfer. Denn um ein Dorf zu gründen, braucht es hier nichts als einen Baum. Und um den Baum herum ein bisschen Platz. Wenn man nun noch ein Bänkchen unter den Baum stellt, ist man auf dem besten Weg, einen Dorfmittelpunkt zu etablieren, an dem man sich sammeln kann. Man kann sich zum Beispiel auf das Bänkchen setzen, die Hände auf den Stock gestützt, die Schiebermütze ins Gesicht gezogen, und ein Nickerchen machen. Man kann sich aber auch mit dem Nachbarn unterhalten, der sich ebenfalls, die Hände auf den Stock gestützt, die Schiebermütze ins Gesicht gezogen, auf der Bank niedergelassen hat. Man kann ein Jäckchen für die Enkeltochter stricken. Oder eine Schachpartie gewinnen. Man kann Ball spielen, Gummihüpfen und Hausaufgaben machen. Oder die Katzen füttern, die wild in diesem Dorf leben.

Man kann sich unter den Baum setzen, den Vögeln beim Zwitschern zuhören und darüber nachdenken, wie es möglich ist, dass in einer Stadt, die sich Großstadt nennt, an so vielen Ecken und Enden eine Ruhe und eine Idylle herrscht, die man sonst nur auf dem Land findet. Man kann überlegen, ob es etwas damit zu tun hat, dass die großen Hauptverkehrsadern nie einen Zutritt zu den verwinkelt gewachsenen Vierteln gefunden haben und die Autos in den kleinen, schmalen, kurzen Straßen nicht so schnell fahren können. Man kann darüber sinnieren, wie sehr diese betörend lauschigen Plätzchen dazu beitragen, das Leben in Lissabon so unendlich angenehm und unanstrengend zu ma-

chen. Man wird es sich alles nicht so genau erklären können und auch dann, wenn die Haare längst trocken sind,
noch ein bisschen sitzen bleiben. Weil man einfach irgendwann dazu übergehen wird, den Frieden, den diese Stadt
an so vielen Stellen so großzügig verschenkt, zu genießen.
Denn er ist für alle da.

Novembro

„D<small>IESE</small> O<small>RANGE HIER SIEHT VON AUSSEN VIELLEICHT</small> ein bisschen seltsam aus, aber was in ihr steckt – Caramba! Ein Saft, aus ihr gepresst, ist so süß – meu Deus! Und das ganz ohne Zucker!" Eigentlich hatte ich lediglich wissen wollen, was der Unterschied zwischen den beiden Orangensorten ist, die in den Obststeigen nebeneinanderliegen, doch ich habe eine Lawine losgetreten, habe ein Feuerwerk ausgelöst. Der ältere Herr, der den kleinen Lebensmittelladen um die Ecke meiner Wohnung bewirtschaftet, ist nicht mehr zu bremsen. Zu jeder seiner Waren scheint er ein persönliches Verhältnis zu haben, vor allem zu den Früchten. „Wir haben großartige Früchte in Portugal, diese Melone hier ist besonders lecker, die meisten Melonen bauen wir im Ribatejo an, entspricht nicht ganz der Honigmelone, nein, ist ein bisschen anders, aber – Caramba!" Ich koste nicht nur von der Melone, sondern auch vom Fettnapf, indem ich mich erkundige, ob er vielleicht Spanier sei – so oft und temperamentvoll, wie er „Caramba" sage. Hysterisches Gelächter quittiert meine Frage. Nein, also wirklich, ich könne doch nicht einfach aus einem Portugiesen einen Spanier machen! Könne doch nicht kurzerhand eine über Jahrhunderte gewachsene, sorgsam kultivierte Antipathie zwischen zwei Völkern über den Haufen werfen! Ob ich denn nicht das Sprichwort kenne: „De Espanha nem bom vento, nem bom casamento. – Aus Spanien kommt weder ein guter Wind noch eine gute Heirat? Mas, caramba! Noch viel lieber sage ich: De Espanha nem bom vinho ... Aus Spanien kommt kein guter Wein. Denn hier in Portugal haben wir so viele gute Anbaugebiete, da ..." Und prompt werde ich in die nächsten Geheimnisse eingeweiht.

„Mercearias" heißen die kleinen Krämerläden, die es in Lissabon in jeder auch noch so kleinen Straße gibt. Natürlich sind sie teurer als die Supermärkte, nicht immer ist die Ware besser, denn sie liegt länger, die großen Einkäufe werden anderswo gemacht – in die Mercearias geht man eher, um für den spontan selbstgebackenen Sonntagskuchen ein paar Eier und einen Liter Milch zu besorgen oder um für die Tafel Schokolade nicht eigens im Supermarkt anstehen zu müssen. Trotzdem haben auch die Mercearias ihre treue Stammkundschaft: alte Menschen, die zu gebrechlich sind, um weite Wege gehen zu können, und die nicht zuletzt deshalb im Laden um die Ecke einkaufen, weil sie dort anschreiben lassen können, wenn die dürftige Rente mal wieder vor dem Monatsende aufgebraucht ist – und weil sie es genießen, dort eine Gesellschaft und eine Beratung zu finden, für die in den großen, anonymen Geschäften keine Zeit bleibt.

Auch ich komme nun in den Genuss dieser intensiven Zuwendung. Zwar ist er eher von kleiner Statur, der Herr Verkäufer, der Rücken schon leicht zum Buckel geduckt, doch er birst vor Energie – einer Energie, die sich vor allem in der Mimik und in den Händen zu bündeln scheint. Fast unproportioniert wirken sie im Verhältnis zum schmächtigen Körper, diese großen, schaufelförmigen Pranken, die unentwegt durch den Raum schießen wie Haken schlagende Kaninchen. Innerhalb der nächsten fünfzehn Minuten erfahre ich – in einem Mischmasch aus Portugiesisch, Französisch und Gesten – nicht nur alles über die Qualität der portugiesischen Lebensmittel, sondern auch eine gesamte Lebensgeschichte. Als Victor stellt er sich mir vor, 67 Jahre ist er alt, seine Frau ist vor drei Jahren gestorben, sein Sohn ist nach Amerika ausgewandert und hat sich dort verheiratet, weswegen Herr Victor die Estados Unidos hasst. Ursprünglich habe er in einer Bank gearbeitet, jetzt betreibe er diesen Laden, weil er von der Rente allein nicht leben kann und – das allerdings ist meine Vermutung – weil er es ohne die Menschen nicht aushält. „Não é simpatica", raunzt er mir verschwörerisch zu, als eine Frau an seinem Laden vorbeigeht. „Dazu kann ich nichts sagen", versuche ich es mit schnöder Diplomatie, „ich kenne sie nicht, eigentlich sah sie ganz nett aus." „Não é simpática", wiederholt Herr Victor noch einmal kopfschüttelnd. Und als er es auch über den nächsten Passanten sagt, steigt der Verdacht in mir hoch, dass alle Menschen, die vorübergehen, ohne einzukaufen oder wenigstens einen Plausch zu halten, durchfallen. Denjenigen hingegen, die seinen Laden besuchen, öffnet Herr Victor sein Herz und nimmt sie in seine Familie auf. „Sie sind zu dünn, Sie müssen mehr essen", erklärt er mir nun unvermittelt. „Schauen Sie sich meinen Hund an" – neben der Kasse liegt ein schwarzer Terrier, den ich bereits kenne, weil er sich dafür verantwortlich fühlt, unsere ganze Straße zu bewachen, indem er morgens um sechs Uhr mit dem Kläffen beginnt und bis nachts in Habachtstellung bleibt. „Cão heißt er, einfach nur Hund. Als ich ihn vor zwei Jahren hier in der Nähe gefunden habe, war er kurz davor zu sterben. Ganz klein und dünn, como um frango, wie ein Hühnchen. Ich habe ihm zu essen gegeben und was ist aus ihm geworden? O rei do bairro! Der König des Viertels!"

Nachdem ich meine Einkäufe bezahlt und in meinen Rucksack gepackt habe (wobei es von Herrn Victor nicht minder skeptisch beäugt wurde als von den Kassiererinnen im Supermarkt, dass ich die Plastiktüte abgelehnt habe), schiebt er mir noch eine Packung Kekse über die Theke. „Geschenk des Hauses. Damit Sie mehr essen. Und damit

Sie einen schönen Aufenthalt haben in Lissabon." Ich ahne
schon, dass der eigentliche König des Viertels nicht der
schwarze Terrier Cão, sondern Herr Victor ist. Und dass soeben eine wunderbare Freundschaft ihren Auftakt genommen hat. Caramba!

✳ ✳ ✳

Doch nun muss ich mich sputen, denn ich habe einen Ter-
min, einen Arbeitstermin. Seit Mitte Oktober bin ich Volon-
tärin in einem Zentrum für zeitgenössische Kunst, das in
einem alten Palast im Bairro Alto beheimatet ist. Für den
Newsletter eben dieses Zentrums werde ich heute ein Porträt schreiben, ein Porträt über die Fotografin Rosa Reis, die
als Artist in Residence ein Jahr lang die Ausstellungen und
die Arbeit im Palast mit ihrer Kamera begleitet.

Als Künstlerin habe ich Rosa bereits kennengelernt,
ich habe ihren Fotoband „Uma outra Lisboa" gesehen: ein
Streifzug durch ein Lissabon, das auf dem Weg ist, zu sterben. Ein Streifzug durch Lebens- und Arbeitswelten von
Menschen, die es bald nicht mehr geben wird. Es sind Fotos, die erst vor wenigen Jahren gemacht wurden, die aber
dennoch wirken, als seien sie einer längst vergangenen Zeit
entnommen. Nicht nur, weil Rosa sich dafür entschieden
hat, sie in Schwarz-Weiß zu drucken, sondern auch, weil es
in Lissabon eine Form des Alters gibt, die sich in anderen
Städten nicht mehr finden lässt. Ein Alter, das so selbstverständlich und unverhohlen daherkommt, dass es schon
wieder jung wirkt. Ein Alter, das die Schönheit dieser Stadt
entscheidend prägt und sie weise wirken lässt. Rosas Fotografien hatten mich so beeindruckt, dass ich mein Gespräch
mit ihr nicht im Büro oder im Café führen wollte, sondern
sie fragte, ob wir uns bei einem Spaziergang durch die Stadt

unterhalten können. Ja, ob wir vielleicht sogar ein paar der Stationen, die im Fotoband abgebildet sind, gemeinsam aufsuchen können.

Deshalb gehe ich nun, Herrn Victors Orangen und Kekse im Rucksack, durch die Alfama – neben der Mouraria das älteste Viertel Lissabons und zugleich dasjenige, in dem man sich aufs Wunderbarste verlaufen kann, so, als sei man unverhofft in ein Escher'sches Labyrinth geraten. An den buckligen, pockennarbigen Häuserwänden entlang, durch die schmalen Gässchen und Eckchen hindurch, an deren Ende plötzlich ein kleiner Platz auftaucht oder sich unerwartet der Blick auf den Fluss öffnet. Die Treppe hinunter, die eine Abkürzung verspricht, stattdessen aber Verwirrung stiftet und in einer Sackgasse endet. Unzählige Differenzierungen kennt die portugiesische Sprache innerhalb des Straßensystems: von der Calçada oder auch Calçadinha, dem gepflasterten Gässchen, hin zur Travessa, dem Durchgang, hinein in den Beco, die Sackgasse, wieder zurück und die Escadinha, das Treppchen, hinauf zum Largo, dem kleinen Plätzchen. Mit schwarzer Farbe sind die Straßennamen auf die weiß getünchten Häuserwände gemalt, und manche klingen luftig und vielversprechend wie Nachtische.

In der Alfama stehen die Häuser so dicht beieinander, dass sie sich fast zu berühren scheinen, Wäsche hängt aus den Fenstern heraus und überzieht die Gassen mit eigenwillig komponierten Baldachinen aus Küchenhandtüchern, Unterhemden und Nylonstrümpfen. Man hat den Eindruck, den Bewohnern direkt durchs Wohnzimmer zu laufen. Zum notdürftigen Schutz vor indiskreten Blicken sind die Fenster mit weißen Spitzenvorhängen verhangen, meist mehrere Schichten übereinander, kleine kitschige Stilleben zieren die Fenstersimse: Eine bunt bemalte Heiligenstatue, geschmückt mit grün-rot-goldenem Plastiklametta, bewacht die eine Wohnung, ein dreidimensionales Jesusbild, flankiert von Kakteen und Porzellanhündchen, die andere. Greisinnen in altmodischen Kittelschürzen, aus denen säbelförmige Beine hervorlugen, öffnen die Türen und leeren Putzeimer in die Abflusskanäle, Katzen springen über die Straße auf der Suche nach einem schattigen Plätzchen oder weil sie den Kanarienvogel erhaschen wollen, der im Käfig vom Fenster herabhängt und mit den Möwen um die Wette zwitschert.

So verwinkelt ist dieses Viertel, dass es mir selbst ein Rätsel ist, wie ich das Lavadouro público, den alten öffentlichen Waschsaal, gefunden habe, ohne noch einmal auf den Stadtplan schauen zu müssen. Rosa erwartet mich dort bereits mit einem Lächeln, das so herzlich und strahlend ist, als gehe die Sonne auf. Küsschen links, Küsschen rechts. „Tudo bem?" – „Sim, tuuudo!" – „Hast du schmutzige Wäsche mitgebracht?", frotzelt sie. „Wenn du sie irgendwo sauber kriegst, dann hier!"

Große, steinerne Wasserbecken reihen sich im Lavadouro aneinander, gesäumt von Plastikschüsseln, in denen die Wäsche ihrer Reinigung harrt. Einige Hemden hängen bereits zum Trocknen an der Leine, in einer Nische an der Wand schlummert ein Marienstandbild, denn auch zum Waschen braucht es die Unterstützung der Heiligen. Die Sonne fällt durch das Oberlicht herein und bricht sich im Seifenschaum des Wassers zu kleinen Regenbogen.

Ich fühle mich in eine Zeit zurückversetzt, die ich bisher nur von alten, vergilbten Fotografien oder aus Erzählungen meiner Großmutter kannte, während ich zwei alte Frauen dabei beobachte, wie sie einen großen Teppich in eines der Steinbecken werfen, mit Seifenpulver bestreuen und mit Bürsten bearbeiten. Sorgfältig eingeschäumt und geschrubbt wird er, der Teppich, dann unter Wasser getaucht, bis er keine Luft mehr bekommt, mit kleinen Holzstückchen geschlagen, bis er um Gnade schreit, ein Becken weitergezogen und auch dort untergetaucht, weiter von Becken zu Becken, so lange, bis schließlich keine Seifenspuren mehr das Wasser trüben. Dabei plaudern die Damen. Zeigen ihre Hände, die ein Leben lang aufgeweicht wurden von Wasser, Seife und Arbeit. Und darauf angesprochen, warum sie denn im Zeitalter der Waschmaschinen ihre Blusen noch immer selbst schrubben, lachen sie. „A máquina, a máquina!", echot ihr Spott. Sie hätten es doch schon immer so gemacht, warum also ändern, warum die kleine Rente für eine teure Lavadeira opfern? Außerdem sei der hier – sie deuten auf den Teppich, den sie nun über die Brüstung wuchten, damit er abtropfen kann – ja sowieso zu groß für die Maschine. „Und im Übrigen ...", fügen sie noch hinzu, während sie sich die Hände an der Kittelschürze trockenreiben, das schmutzige Wasser ab- und frisches einlaufen lassen, um die nächsten Wäschestücke in die Seifenlauge zu werfen, „... im Übrigen können wir mit der Maschine nicht reden!"

„Ich wollte das Lissabon der Erinnerungen entdecken, das Lissabon der Vergangenheit", erklärt Rosa mir, als ich sie frage, was sie mit „Uma outra Lisboa", dem „anderen Lissabon", im Titel ihres Bildbands meint. „Aber nicht in Form der Architektur – dass es hier viele alte Gebäude gibt, ist klar. Nein, mich interessieren die Menschen. Denn die sind es, die den Raum ausmachen, die sind es, die den Ort, den ich fotografiere, entstehen lassen. Ich möchte die Vergangenheit in den Menschen und in ihren Tätigkeiten aufspüren, möchte Situationen bewahren, die es bald nicht mehr geben wird. Früher war Wäscherin ein ganz normaler Beruf. Jetzt kommen zwar noch Frauen zum Waschen hierher, aber nur noch ein paar wenige. Wenn sie sterben, wird nicht nur diese Form der Tätigkeit verschwinden, sondern auch

die Lavadouros werden verfallen, weil sie nicht mehr benutzt werden. Und dadurch wird sich nicht nur das Men-
schen-, sondern auch das Stadtbild verändern, unaufhörlich."

Tatsächlich zerbricht Lissabon. Viele Gebäude in der Stadt
sind unbewohnbar, ausgehöhlt wie ein kaputter Zahn, nur
die einst prunkvolle Fassade steht noch, dahinter gähnt
nichts als Leere. Gras wächst aus den Fugen, die Dächer
sind perforiert – und um zu verhindern, dass die skelettier-
ten Überreste einstürzen, sind die Fenster zubetoniert und
die Mauern mit Eisenstangen abgestützt. „Wir nennen diese Ruinen ‚gaiolas‘, Käfige", erklärt mir Rosa, „weil man durch
sie hindurchschauen kann wie durch die Käfige der Kana-
rienvögel." Nur deshalb darf das Alter hier so selbstverständlich existieren, weil es gar kein Geld gibt, es wegzuschmin-
ken. Nur deshalb tragen die Stadt und die Menschen ihre
Zahnlücken so offen, weil eine Restauration und eine Behandlung viel zu teuer wären. Der Verfall Lissabons, erklärt
mir Rosa, hat eine lange Geschichte, die unter der Diktatur
von Salazar begann. „In dieser Zeit wurden die Mieten für
eine Wohnung auf ein absolutes Minimum festgelegt, sodass die Besitzer begannen, ihre Häuser zu vernachlässi-
gen, weil ihnen das Geld für die Renovierung fehlte." Auch
nach dem Ende der Diktatur durften die Raten nur sukzes-
sive angehoben werden – und so warten die Besitzer nun,
bis der letzte Mieter gestorben ist, um die Häuser dann
abzustoßen, denn der Bauplatz ist wesentlich kostbarer als
das Gebäude. Auf diese Weise überaltert Lissabon völlig, vor
allem in der Baixa. Die meisten, insbesondere Familien, ziehen lieber in die Vororte, wo die Häuser weniger Charme,
aber mehr Komfort haben.

Knapp sechzig Jahre ist es her, dass Rosa in Lissabon
geboren wurde, nahe der Rua do São Bento in Pampulja.
„Ich bin eine echte Alfazinha, ein Salatköpfchen", grinst

sie – denn so werden die Lisboetas spaßeshalber genannt, wobei es keine wirklich plausible Erklärung dafür gibt, woher der Spitzname eigentlich rührt. „Weißt du, ich erinnere mich noch ganz genau, dass ich schon als Kind viel Zeit am Fenster verbracht habe", erzählt sie, während sie gleichzeitig auf ihrer Leica die frisch eingefangenen Aufnahmen vom Lavadouro durchblättert – und immer, wenn ich etwas nicht verstehe, wiederholt sie es noch einmal auf Französisch. „Ich durfte nicht einfach so auf der Straße spielen wie mein Bruder, meine Eltern haben mich und meine Schwester sehr behütet. Also habe ich mir die Straße über die Augen erobert. Wir lebten im Erdgeschoss – und das war mein Glück! Denn ich konnte alles zum Greifen nah sehen. Die Eléctrico, die vorüberfuhr, die Menschen, die vorübergingen. Den Brotmann, der mit einem großen Korb auf dem Kopf durch die Straße ging und ‚Pão quente, pão quente!' rief." – „Wahrscheinlich warst du schon damals eine Fotografin", sage ich, „hast schon damals begonnen, Momentaufnahmen zu machen." – „Ja, vielleicht hast du recht. Das Sehen war für mich schon als Kind Leben." Und dann strahlt sie wieder, diese Frau, die das Licht in sich zu tragen scheint. Tatsächlich, so gesteht sie mir, könne sie ohne Licht nicht sein, weil es für sie sowohl als Fotografin als auch als Mensch existenziell sei. Fotografieren, so Rosa, sei für sie eine Möglichkeit, Licht zu fühlen, Licht zu schreiben. Und Licht könne für sie in vielerlei Gestalt auftreten – zum Beispiel in Form eines Lächelns.

Wir ziehen von der Wäscherei weiter zum Schneider, den Rosa schon oft dabei fotografiert hat, wie er Stoffballen entrollt, Maß nimmt und Taillen an der Kleiderpuppe absteckt. „Tudo bem?", fragt Rosa auch den Schneider, während ich das Schaufenster des Ladens betrachte, in dem Modezeitschriften aus den Siebzigern in Gesellschaft eines gusseisernen Bügeleisens vergilben. Sie plaudern darüber, wie das Geschäft läuft, und über die Gesundheit, die doch viel wichtiger sei als alles andere. Auch mit dem Schuhmacher, der in einer winzigen Ladenzeile von zwei Quadratmetern noch mit Leisten und echtem Leder arbeitet, wird erst ein Schwätzchen gehalten, bevor die Kamera zum Einsatz kommt. Rosa verbringt viel Zeit mit den Menschen, ehe sie sie fotografiert. Sie sollen sich an sie gewöhnen, ihre „Modelle", sie sollen so natürlich wie möglich sein, wenn sie sie auf ihr Objektiv bannt. Die Karten spielenden Männer, die ich aus ihrem Buch kenne, sind so vertieft in den Moment, dass sie die Kamera gar nicht wahrgenommen haben. Dieser Teil ihrer Arbeit fasziniert mich am meisten: wie sie die Nähe zu den Menschen findet, nicht nur mit dem Objektiv, sondern auch im Dialog. Eigentlich hatte ich selbst auch ein bisschen fotografieren wollen, hatte im Schatten von Rosa meine kleine Digitalkamera herausziehen wollen. Doch nun lasse ich es sein, ich will das Vertrauen, das zwischen Rosa und den anderen besteht, nicht stören.

In der Farmácia, deren Apotheker wir besuchen, wachsen alte Holzregale bis unter die Decke, gefüllt mit kleinen etikettierten Schubladen voller Medikamente. Der Apotheker hat Glück, sein Sohn wird den Laden weiterführen, wenn er in absehbarer Zeit aufhören muss. Den Buchbinder hingegen, den Rosa für ihr Buch fotografiert hat, gibt es nicht mehr. „Der Laden hat geschlossen, hat sich nicht mehr gelohnt", weiß der Apotheker zu berichten. Nur in Rosas Bildband wird er weiter existieren. Verrückt, denke ich, dass wir beide auf der Suche nach demselben sind: dass nicht nur ich, die Estrangeira, die Fremde, von der einzigartigen Form des Alters in dieser Stadt fasziniert bin. Sondern dass auch diese Frau, für die Lissabon seit sechzig Jahren Alltag bedeutet, mit ihrem Objektiv das Vergangene in der Gegenwart einfängt. Obwohl wir beide wissen, dass die Zeit in Lissabon natürlich nicht stehen geblieben ist: Wir nutzen die Metro, das schnurlose Internet an allen Orten, den Flughafen, die junge Kneipenszene und vieles mehr, das Lissabon zur Metropole des 21. Jahrhunderts macht.

Ich muss lachen, als der Apotheker uns zum Abschied eine Probepackung mit Vitamin-E-Lotion schenkt. „Para ficar jovem", sagt er grinsend, um jung zu bleiben. „Já somos", entgegnet Rosa lachend, „já somos." Das sind wir doch schon!

Dem Verfall anheimgegeben ist auch der Palast, in dem ich Mitte Oktober im Rahmen meines Kulturstipendiums ein Volontariat aufgenommen habe und in dem ich nun, nachdem ich mich – Küsschen links, Küsschen rechts – von Rosa verabschiedet habe, von meinen Kollegen mit den Worten „Aaah, mais uma princesa – noch eine Prinzessin" empfangen werde. Wir nennen uns gerne gegenseitig Prince oder Princesa und machen bisweilen Witze darüber, dass wir lieber im Rokokokostüm am Computer sitzen würden. Wenn man sich den Ort, an dem wir miteinander arbeiten, genauer anschaut, erschließt sich der Grund. Einst, im 18. Jahrhundert, war der Palast ein Zentrum der Rekonstruktion – der „Neu-Erbauer" Lissabons, Marques de Pombal, residierte hier, um nach dem Erdbeben von 1755, das große Teile der Stadt vernichtete, den Wiederaufbau zu dirigieren. Hinter der unscheinbaren Fassade des Gebäudes, das sich schlicht in die Häuserzeile der Rua do Século einfügt, ist der ursprüngliche Prunk noch immer zu sehen: Das Innere birgt riesige Säle mit ornamentalen Wandmalereien, kunstvollem Stuck an den Decken, bunten Kacheln, den sogenannten Azulejos, eine filigran bemalte Holzdecke im Obergeschoss und hinter dem Haus ruht ein paradiesischer, idyllischer Garten mit zwei uralten Ulmen, die ihr üppiges Geäst über eine vertrocknete steinerne Fontäne ausgebreitet haben. Alles aber ist zerbrochen, marode, von Patina überzogen, voller Narben – das Gebäude scheint auf dem Weg zum Skelett. Auf den 250 Jahre alten Holzboden bröckelt der Putz von der Decke, bedeckt das Parkett samt seiner Intarsien mit einer Staubschicht – so, als wolle er sich selbst begraben. Je nach Wetter, je nach Luftfeuchtigkeit arbeiten die Wände, vergrößern sich die Risse, dehnt sich das Holz. Bisweilen scheint es mir, als führe der Palast sein eigenes Leben.

Die Menschen, die diesen Ort dem Schlaf entrissen und der Stadtverwaltung die Genehmigung abgerungen haben, in dem Gebäude zeitgenössische Kunst ausstellen zu dürfen, haben eine schwierige Patenschaft übernommen. Es gibt kein Geld für eine Restaurierung, und so ist alles notdürftig und improvisiert eingerichtet: die Elektrizität, die bisweilen zusammenbricht, ebenso wie der Internetanschluss, die Toiletten, die alle paar Wochen verstopfen, die unendliche Kälte im Winter, in dem die dicken Mauern alles an Frost speichern, was nur möglich ist. Jeder, der hier arbeitet, ist zugleich verantwortlich für das Überleben des Palastes. Ich weiß genau, dass der Zugang zu diesem Gebäude in Deutschland nicht zugelassen wäre. Entweder wäre es geschlossen oder bis in den letzten Winkel hinein restauriert. Und doch ist mir die portugiesische Lösung lieber. Denn der Dialog, der zwischen dem sterbenden Gebäude und der zeitgenössischen Kunst entsteht, ist ein besonderer. Das Alte befruchtet das Neue und umgekehrt. Die Leute, die hier ausstellen – in erster Linie portugiesische und brasilianische, aber auch deutsche, belgische oder niederländische Künstler –, entwerfen ihre Werke für den Palast, lassen sich von seinem Wesen und seiner Geschichte inspirieren.

Vielleicht, so denke ich nun, als ich meinen Laptop aufklappe und beginne, die Notizen aus dem Gespräch mit Rosa zu einem Artikel zu formulieren, ist dieser Palast eine Metapher für die gesamte Stadt, ist er Lissabon en miniature. Von einer betörenden und unendlich poetischen Schönheit, zugleich zutiefst marode und sich immer wieder erneuernd – all das aber wie in einem stetigen Provisorium. Ein Provisorium, das funktioniert und fasziniert, aber dennoch bisweilen zusammenzubrechen droht.

✳ ✳ ✳

Drei Stunden und 11 000 Zeichen später ist der Artikel im Kasten, und ich kann ihn an die Kollegin mailen, die ihn vom Deutschen ins Portugiesische übersetzen wird, kann den Laptop wieder zuklappen, Herrn Victors leergefutterte Kekspackung in den Papierkorb entsorgen und mich auf den Nachhauseweg machen. Sorgsam, weil ich heute als Letzte den Palast verlasse, ziehe ich die große, schwere Holztür mit dem schmiedeeisernen Gitter hinter mir zu – die Tür, an der ich bereits jedes Detail kenne, jeden Riss in der Maserung, jeden Fleck im Lack. Weil ich schon so oft vor ihr gewartet habe. Denn meist, wenn ich morgens punktgenau an meinem Arbeitsplatz eintreffe, stehe ich vor verschlossener Pforte. Nur der Chef hat einen Schlüssel für den Palast – einen schönen, großen, verschnörkelten –, und der Chef nimmt es nicht so genau mit der Zeit. Die Kollegen auch nicht, sie trudeln nach und nach ein, und so bin ich regelmäßig eine Viertelstunde zu früh. Der Einzige, der ebenfalls pünktlich kommt, ist Tiago, Student der Malerei und Praktikant im Palast. „Ich weiß nicht, was mit mir los ist, ich bin nicht normal", murmelt er jedes Mal, wenn er wieder einmal zeitgleich mit mir, der Deutschen, eintrifft, und schüttelt den Kopf mit dem schwarzen Haar und der dunklen Hornbrille. „Ich schaff's einfach nicht, zu spät zu kommen. Selbst wenn ich verschlafe, bin ich rechtzeitig da. Ich glaub, ich hab ein deutsches Gen."

Nicht nur im Hinblick auf die Schwerkraft besitzt Lissabon eigene physikalische Gesetzmäßigkeiten, sondern auch im Hinblick auf die Zeit. Großstadt hin oder her, hier pulsiert das Tempo ruhiger als anderswo; aufgeladen mit deutscher Hektik, werde ich an allen Ecken und Enden ausgebremst und dazu gezwungen, mich zu verlangsamen. Die Portugiesen scheinen ein seismografisches Gespür für jede noch so geringe Störung ihres Zeitflusses zu besitzen. Wer es sich erlaubt, zu drängeln, und sei es auch nur atmosphärisch aufgrund einer unzureichend unterdrückten inneren Unruhe, dem schlägt das Gegenteil von Beschleunigung wie ein Bumerang ins Gesicht: Jeder begegnet ihm nun mit stoischer Blockade. In den Momenten, in denen ich es eilig habe, wird Lissabon für mich zur Hölle und das Gegenüber zum Feind.

Im Postamt etwa, wo alles so ordnungsgemäß organisiert scheint wie in einer deutschen Behörde, muss ich eine Nummer ziehen und sie mit der Digitalanzeige über dem Schalter abgleichen, um zu wissen, wann ich an der Reihe bin. *Ob* ich allerdings jemals an die Reihe kommen werde, wird erst die Zukunft weisen. Denn obschon ich nur fünf Zahlen von meinem Ziel entfernt bin, kann ich nun eine geschlagene halbe Stunde lang vier Beamte bei der Kultivierung der Langsamkeit beobachten: Mit der Verzücktheit von Philatelisten kleben sie Briefmarken auf und schieben Papiere hin- und her, beschreiten den Weg zum Kopierer bedächtig wie einen Gang durchs Weltall und dann, ehe der nächste Kunde aufgerufen wird, schieben sie die Papiere noch einmal hin- und her, denn möglicherweise hat sich während der Reise durchs Weltall irgendetwas ganz von alleine verrückt. Das grenzt an Boykott, und es sind die Momente, in denen ich in meinem Magen ein Geschwür wachsen höre und gerne ein preußisches Sondereinsatzkommando durch den Raum schicken würde. Momente, in denen ich mich so sehr aufpumpe, dass die arme Schalterbeamtin gar nicht weiß, wie ihr geschieht, als ich schließlich an der Reihe bin und meinen Brief wie einen Pistolenschuss auf die Theke knalle mit der Bitte, ihn doch gefälligst zu frankieren. „Se faz favor" – sofern Sie vielleicht irgendwann in diesem Jahrhundert noch die Güte haben sollten, mir diese Gunst zu erweisen!

Es braucht ein Schlüsselerlebnis, damit der Groschen auch bei mir, der Deutschen, fällt: Als ich einem Bus hinterherrenne, in der Hoffnung, ihn noch zu erwischen, ruft mir eine vorübergehende Portugiesin mit verständnislosem, fast nörgelndem Unterton zu: „Não corra, vem um outro! – Rennen Sie nicht, es kommt ein anderer!" Wenige Minuten später kann ich tatsächlich in den nächsten einsteigen und dabei begreifen, dass in diesem kurzen und spontan herübergeworfenen Satz einer Passantin eine gesamte Lebensphilosophie enthalten ist. „Não corra!" Was für eine Metapher! Es macht Klick in meinen Großhirnhälften, sowohl in der rechten als auch der linken. Wochenlang habe ich versucht, dem Gesetz der portugiesischen Zeit den Kampf anzusagen, jetzt kapituliere ich und akzeptiere die wohl wichtigste Lektion in Lissabon: Ich trete feierlich ein in die Schleuse der Entschleunigung, gestehe dem portugiesischen Stoizismus meine tiefste Verehrung zu und immatrikuliere mich an der Alma Mater der Gelassenheit, zu der nur Eine keinen Zutritt hat: die Mentalität des „Wer-zu-spät-kommt-den-bestraft-das-Leben". Ich höre auf zu rennen, weil es unhöflich ist, der Zeit den Vortritt rauben zu wollen. Ich lerne, mich im Strom der Zeit treiben zu lassen und begreife, dass das, was diese Stadt so atemberaubend schön und das Leben in ihr so atemberaubend angenehm macht, ihr ruhiger Puls ist. „Não corra", ermahne ich mich jedes Mal, wenn die Ungeduld doch wieder in mir hochsteigen will, und erinnere mich daran, dass es sich nicht lohnt, nervös zu werden – denn das Gesetz der portugiesischen Zeit ist ja Gott sei Dank stärker.

Dezembro

WENN MAN NICHT MEHR RENNEN MUSS, weil man sich die Eile nicht mehr gestattet, öffnen sich Fenster. Fenster aus Zeit. Zeit, die man vielfältig nutzen kann, beispielsweise für ein Schwätzchen. Plaudereien sind von enormer, geradezu lebensnotwendiger Bedeutung in Lissabon, ja, ich würde die kühne These wagen, dass sie so wichtig wie die Luft zum Atmen sind. Im Laden einfach nur einzukaufen schickt sich nicht, man geht da auch hin, um sich ein bisschen zu unterhalten. Um sich übers Wetter oder über die Ware auszutauschen, oder, wenn man sich besser kennt, über das Befinden des Ehemanns und der Kinder.

Gelegenheiten zum Plaudern gibt es überall. Man kann über die Straße hinweg, von einem Trottoir zum andern einen Witz reißen und dann, laut gackernd, weiter des Weges ziehen. Man kann bei der Nachbarin, die im Erdgeschoss wohnt, ans Fenster klopfen, und wenn die Nachbarin zu Hause ist, zieht sie den Vorhang zur Seite, lehnt sich bequem auf das Fenstersims und erzählt, dass ihr Enkelkind nun schon den dritten Zahn sein eigen nennt. Und danach schimpft sie, nicht minder komfortabel aufgestützt, aber etwas intensiver gestikulierend, über die neuesten Reformen der Regierung und die Erhöhung der Miete. Hervorragend ins Gespräch kommen lässt es sich auch an der Bushaltestelle. Und natürlich im Bus selbst. Da kann man sich mit dem Sitznachbarn unterhalten – oder mit dem Fahrer. Denn was in Deutschland streng verboten und – dem Nichtfüttern-Schild im Zoo vergleichbar – durch den Aufkleber „Während der Fahrt bitte nicht mit dem Fahrer sprechen" untersagt ist, gehört in Lissabon kostenlos zum Service der Transportos públicos dazu. Sich abends auf dem Nachhauseweg lässig neben den Motorista zu lehnen und ein bisschen über den Tag und die neuesten Ereignisse zu schnacken ist Usus – warum auch sollte der Platz ums Lenkrad herum nicht gleichzeitig noch als Wohnzimmer und Küchentisch genutzt werden? Zumal nicht nur die Fahrgäste, sondern auch der Fahrer selbst auf Kommunikation angewiesen ist, denn: Gestärkt durch zwischenmenschlichen Austausch lässt es sich einfach besser arbeiten. Deshalb greifen die Motoristas, wenn niemand da ist, mit dem sie sich unterhalten können, auch gerne mal zum Telemóvel, etwa, um dem Kumpel, der gerade seine Wohnung renoviert, en détail zu erklären, wie man am besten tapeziert und wo und was genau man dafür einkaufen muss. Und wenn selbst der Kumpel nicht erreichbar ist, weil er sich gerade in einer herabgerollten Tapete verwickelt hat, dann lässt sich auch mal schnell eine SMS schreiben – der Bus kennt den Weg doch sowieso von alleine. Bisweilen muss das große Vehikel zwar atemberaubend knapp durch die schmalen und stets zugeparkten Straßen gefädelt werden – aber ist nicht das ganze Leben eine einzige Millimeterarbeit? Egal, ob es ums Busfahren, SMS-Schreiben oder Tapezieren geht?

Millimeterarbeit leistet auch die Skala des Thermometers, die Stückchen für Stückchen nach unten klettert – jetzt, im Dezember, ist es kalt geworden. „Está friou", tönt es morgens wie ein unaufhörlich sich fortsetzendes Echo aus allen Winkeln der Stadt: Wenn zwei Menschen aneinander vorbeigehen, werfen sie sich die Formel wie einen Geheimcode zu. „Friou", kalt, ein Wort, das von den Portugiesen mit

einer gehörigen Portion Empörung, bisweilen auch Fassungslosigkeit untermalt wird. Die Wintermäntel werden aus dem
Schrank geholt, was die Stadt mit einem leichten Geruch
nach Mottenkugeln überzieht und sich mit dem Duft nach
gerösteten Kastanien mischt, die nun an allen strategisch
wichtigen Punkten verkauft werden. Da wir uns auf der
Skala um die zehn Grad bewegen und die Sonne sich trotzdem täglich, meist sogar ganztägig blicken lässt, kann jeder
nördliche Bewohner dieser Erde nur müde lächeln. Weil aber
die portugiesischen Häuser keine Heizung besitzen, wird es
nachts, wenn die Temperaturen auf null absacken, tatsächlich empfindlich kalt. Die Schaufenster sind vollgestopft mit
Decken aller Art, elektrische Heizkörper werden durch die
Straßen gerollt, diejenigen Hunde, die einen Besitzer haben, dürfen nun mit einem selbstgestrickten Rollkragen-
pullöverchen Gassi gehen – und mir wird endlich die Vor-
liebe der Portugiesen für gefütterte Morgenmäntel klar, die
in den alten Läden der Baixa verkauft werden: Abends zu
Hause angekommen, werden sie einfach über die Klamotten gestreift und als herrlich altmodischer Hausrock getragen. Marta besitzt einen mit rassigem Leopardenmuster, der
von Jorge ist in schlichtem Grau-Blau gehalten.

Auch jetzt trägt Marta ihren Hausrock, während wir in
der kleinen Küche stehen, die heute vor Lebensmitteln überquillt. Es ist Weihnachten, und Marta zeigt mir, wie man das
traditionelle Weihnachtsgericht, den Bacalhau cozido, kocht.
„Então. Zuerst legen wir drei Zwiebeln ins Wasser, erhitzen
es, dann geben wir die Kartoffeln, das restliche Gemüse und
eine kräftige Prise Pfeffer dazu, lassen es ziehen und nach
ungefähr zehn Minuten darf unser Kerlchen schwimmen
gehen."

Ich bin nur bedingt ein Freund von Bacalhau, aber in
Portugal bleibt mir gar nichts anderes übrig, als mich gut

mit ihm zu stellen. Wer hier einen Supermarkt betritt, muss sich erst einmal an den buchstäblich umwerfenden Geruch gewöhnen, der vom Stockfisch, welcher in riesigen getrockneten Stücken gestapelt zum Verkauf bereitliegt, ausgeht. Und wer im Restaurant ein Gericht bestellen will, der findet auf den Speisekarten bisweilen sogar eine ganze Seite, die ausschließlich den Gerichten mit Bacalhau gewidmet ist. Manche behaupten, es gebe 365 verschiedene Rezepte, für jeden Tag des Jahres eines, doch Marta lacht nur. Es seien höchstens hundert, sagt sie, wiegt dann aber nachdenklich den Kopf und fügt hinzu, dass sie es eigentlich nicht so genau wisse und es wahrscheinlich niemand definitiv sagen könne. „Denn es werden ja ständig neue Rezepte erfunden und die alten variiert." Von den vielen Versionen, die ich bisher durchprobiert habe, weil ich uns beiden, dem Fisch und mir, eine Chance geben wollte, mag ich am liebsten den Bacalhau à Brás, ein Gericht mit geraspelten Kartoffeln, Ei und Zwiebeln, außerdem Bacalhau com Natas – da wird er mit viel Sahne, Gemüse und Kartoffeln als Gratin serviert – und Pastéis de Bacalhau, eine Art Fisch-Kroketten, die als sogenannte Salgados, gesalzene Kleinigkeiten, in den Pastelarias verkauft werden. Also, wenn ich's mir recht überlege, schmecken mir die Varianten am besten, in denen der Bacalhau als solcher gar nicht mehr wirklich zu erkennen ist. Weil der „fiel amigo", der treue Freund, in Portugal aber gewissermaßen zur Familie gehört, ist er selbstverständlich auch an Weihnachten mit von der Partie. Und ganz gegen meinen Geschmack wird er an diesem Festtag pur gegessen, soll heißen, einfach nur schlicht in Brühe gekocht und mit Gemüse und Kartoffeln serviert.

Seit zwei Tagen hat Marta die getrockneten und gesalzenen Stücke in Wasser eingelegt, das sie regelmäßig gewechselt hat, um dem Fisch das Salz zu entziehen und ihn wieder weich zu bekommen. Ganz wichtig beim Wässern ist, dass die Haut nach oben zeigt – nur dann kann das Salz nach unten absinken. „Laut Legende ist der Bacalhau bei der Entdeckung Amerikas von den Seefahrern ‚erfunden' worden. Um den Fisch, den sie auf ihre langen Reisen mitnahmen, haltbar zu machen, wurde er in Salz eingelegt und getrocknet", erzählt Marta, während sie die Flamme auf dem Gasherd kleiner dreht. „Aber wir haben es wohl ein bisschen übertrieben mit unserem Nationalgericht. Denn wir können den Bacalhau nicht mehr in unseren Gewässern fangen, die sind längst leergefischt. Wir importieren alles aus Island und Norwegen. Irgendwie absurd, oder?"

Ansonsten ist Marta, die normalerweise ein durch und durch fröhlicher Mensch ist, verstimmt. Wegen der Wirtschaftskrise hat die Stadt Lissabon dieses Jahr auf die Weihnachtsdekoration verzichtet, was die Alfacinhas insgesamt, Marta aber im Besonderen, der Regierung äußerst übel nehmen. „Du kannst dir nicht vorstellen, wie schön die Stadt mit den Weihnachtslichtern ist!" Doch was im Großen ausfällt, kann im Kleinen ja trotzdem stattfinden, und deshalb hat Marta bereits vor zwei Wochen begonnen, das staatliche Versäumnis zu kompensieren, indem sie die Wohnung aufgerüstet hat. An der Eingangstür prangt in rot-weiß-karierten Lettern der Schriftzug „Feliz Natal", das Wohnzimmer krönt ein blinkender Plastik-Weihnachtsbaum, der nie müde wird, seine Signale zu morsen, von den Griffen der Küchenschränke haben sich gülden glitzernde Engelchen abgeseilt und im Flur lebt neuerdings ein Schneemann, der jedem, der vorbeigeht, per Bewegungsmelder ein Jingle-Bells-Ständchen singt, weshalb ich mich nachts nicht mehr auf die Toilette traue. Und apropos Toilette, ja, auch dort hat Weihnachten Einzug gehalten: in Gestalt einer sternförmigen, nach Zimt riechenden Seife.

Für mich jedoch ist alles andere als Weihnachten, für mich ist Schizophrenie. Wenn ich die Menschen in den vergangenen Tagen bei strahlendem Sonnenschein mit großen Tüten durch die Straßen habe gehen sehen, habe ich mich gefragt, wieso die Lisboetas sich schon im Frühjahr um Weihnachtsgeschenke kümmern. Auf der verzweifelten Suche nach einem geeigneten Motiv für die jährliche Weihnachts-Mail habe ich schließlich die Orangen an den Bäumen auf der Rua dos Sapadores fotografiert und meinen Freunden in Deutschland als Christbaumkugeln feilgeboten. Nichts, aber auch gar nichts fühlt sich nach 24. Dezember an.

Doch meine portugiesische Familie wird schon dafür sorgen, dass Weihnachten auch dieses Jahr nicht ausfällt. Jetzt klingelt es nämlich, und der zweite Sohn von Marta und Jorge, der mit seiner Frau und seinem einjährigen Töchterchen in einem Vorort von Lissabon wohnt, trifft ein. Und deshalb wird nun gegessen. Und es wird wahnsinnig gut gegessen. Und es wird wahnsinnig viel gegessen. Und es wird gar nicht mehr aufgehört zu essen.

Wir fangen mit der Suppe an, die eine Caldo Verde ist – die traditionelle portugiesische Kohl-Kartoffelsuppe, Martas Spezialität. Danach gibt es den Bacalhau, der mir, obwohl pur, ausgezeichnet schmeckt und zarter geworden ist, als ich erwartet habe. Als Nachtisch zergeht uns Farófias com Leite Creme auf der Zunge, Eischnee mit Milchcreme. Und damit ist das Mahl noch lange nicht zu Ende, denn wir haben ja noch gar nichts vom Bolo Rei gegessen, dem Königskuchen mit verschiedenen getrockneten Früchten, eine weihnachtliche Tradition. „Früher wurde in den Bolo Rei eine Bohne oder eine Münze eingebacken und wer die erwischte, musste den nächsten Kuchen bezahlen", erzählt mir Felipe, Martas jüngster Sohn. „Aber das haben sie aus hygienischen Gründen abgeschafft."

Bob Marley, der zur Feier des Tages die Dose mit den leckeren Geflügel-Gourmetstückchen in den Napf bekommen hat, streift uns um die Beine, während zum Abschluss des Menüs noch Käse aus der Serra da Estrela aufgeschnitten und auf kleinen salzigen Crackern gereicht wird. All das mit Wein, versteht sich: Jorge genießt es, dass seine Sammlung endlich zu voller Geltung kommt und er heute Abend den DJ am Korkenzieher spielen darf. Ein kleiner Port gefällig? Oder mal den Mandellikör kosten? „Queres provar?" – „Sim, gostaria." Also, noch ein Gläschen!

Es ist ein schönes, lebendiges Fest, bei dem viel geplaudert wird und bei dem ich spüren kann, welche Bedeutung der Familie in Portugal beigemessen wird. Kinder bleiben hier lange zu Hause wohnen, nicht nur aus finanziellen Gründen, sondern weil es schlicht üblich ist, dass sie erst ausziehen, wenn sie selbst eine Familie gründen. Felipe kocht mit 21 Jahren zwar inzwischen für sich alleine, aber Marta wäscht noch immer für ihn. Auch die Großeltern sind selbstverständlicher Teil der Familie: Ganze Generationen portugiesischer Kinder wachsen unter den Fittichen von Oma und Opa auf – da berufstätige Frauen hier lediglich fünf Monate Mutterschaftsurlaub in Anspruch nehmen können, springen „os avós" helfend in die Bresche. Tanten und Onkels, Cousins und Cousinen werden regelmäßig besucht, die Verwandtschaft fungiert als wichtiges soziales Netz. Wie eng der Zusammenhalt zwischen den Angehörigen ist, konnte ich auch sehen, als ich auf einem Friedhof erstmals den Familiengräbern begegnet bin, die in Portugal sehr üblich sind. Kleine Bauten, in denen die Särge übereinandergeschichtet und Fotos von jedem einzelnen Familienmitglied aufgestellt werden – bis in den Tod hinein verbunden.

Aber das muss an dem guten Mandellikör liegen, dass ich jetzt so sentimental werde. Und an Weihnachten samt seinem verflucht feierlichen Gefühl, dem man sich nicht einmal bei sonnigen Temperaturen entziehen kann. Und daran, dass Marta sogar an ein Weihnachtsgeschenk für mich gedacht hat. Ich packe ein herrlich buntes, dickes Notizbuch aus und nehme dazu noch Martas Lächeln in Empfang, als sie mir sagt: „Damit du all das, was du hier in Lissabon erlebst, aufschreiben kannst."

* * *

Wie immer hat Marta recht: Es ist Zeit für ein Notizbuch. Zwar habe ich aufgehört, meine Erfahrungen in Lissabon als Lektionen zu notieren, weil ich längst dazu übergegangen bin, in dieser Stadt zu leben. Dennoch brauche ich eine Zwischenbilanz. Ich brauche ein Stündchen in meinem kleinen Schwimmbad, das zwischen den Feiertagen ganz leer ist, weil die Sereias de Lisboa sich eine Weihnachtspause gönnen, um dort, beaufsichtigt von Nadador Salvador, ein paar Bahnen zu ziehen und nachzudenken. Und ich brauche, als ich mich nach dem Schwimmen mit nassen Haaren in die Pastelaria setze, ein heißes Süppchen, das ich bei den beiden Teenies bestelle, die ihrem Vater helfen, den Laden zu schmeißen. Da im Café nicht viel los ist, sind sie gerade damit beschäftigt, die neueste Folge der brasilianischen Telenovela anzuschauen. „Phhh. Que estúpido!", kommentieren sie den Typen, der seiner Liebsten mit melodramatischer Schwere weismachen will, dass er sie nicht betrogen hat. Ich pflichte ihnen bei, während ich meine Caldo Verde löffle – und erhalte nicht nur ihre volle Aufmerksamkeit, sondern auch Zugang zu den höheren Weihen. Denn sie realisieren schnell, dass ich Anfängerin bin, sowohl in der portugiesischen Sprache als auch im Telenovela-Geschäft, und beginnen deshalb, mich mit missionarischem

Eifer über die gesamten Ereignisse der vergangenen zwei Jahre aufzuklären. Wobei sie, damit ich es besser verstehen kann, die komplizierten Zusammenhänge und verzweigten Handlungsstränge mit einem Kugelschreiber auf die Papiertischdecke aufmalen, auf der ich gerade meine Suppe esse.

Zehn Minuten später bin ich erleuchtet. Und finde, dass ich diesen Moment nutzen sollte, um auf der bemalten Tischdecke mein neues Notizbuch aufzuschlagen. Wäre mein Lissaboner Leben Teil einer Telenovela, so frage ich mich, den Blick weiter mit halbem Auge auf den Fernseher gerichtet – welche Neuigkeiten müssten die Zuschauer dann erfahren, um auf dem aktuellen Stand zu sein?

● Dank meiner wöchentlichen Tandem-Treffen mit Inês, deren Liebeskummer zunehmend verblasst, umfasst mein Wortschatz nicht mehr nur 300, sondern sicherlich schon 800 Worte. Vermutlich sogar mehr. Ich habe das Kinderbuch, das ich mir im Oktober auf dem Feira da Ladra gekauft habe, längst ausgelesen und bereits einen weiteren Band durchgeackert. Einen Bestseller für Erwachsene wohlgemerkt. Weil Bücher so teuer sind in Portugal – denn für ein kleines Land werden nur kleine Auflagen produziert –, bin ich nun stolze Besitzerin eines Ausweises für die Bibliotéca Municipal de Camões. Ich kann also schon richtig viel lesen – habe aber noch immer Schwierigkeiten, das gesprochene Wort zu verstehen, egal, wie intensiv ich meinen Gegenübern auf den Mund starre. Was, so frage ich Inês jede Woche beharrlich aufs Neue, haben sich die Portugiesen eigentlich dabei gedacht, als sie das „Schnuddeln" zum offiziellen Charakteristikum ihrer Sprache ernannten? Wozu, bitte schön, braucht es all die Glissandi, Legati, Accelerandi und sonstigen perfiden Möglichkeiten, die Grenzen zwischen den Worten verschwimmen und mich verzweifeln zu lassen? – Inês' Antwort ist von Woche zu Woche gleich und erschöpft sich in einem lächelnden Schulterzucken.

● Herr Victor – den ich neuerdings duze und deshalb nur noch Victor nenne – ist stolz auf mich: Ich habe tatsächlich ein bisschen an Gewicht zugelegt. Das könnte an dem rustikalen portugiesischen Essen liegen. Oder daran, dass Victor dazu übergegangen ist, mir die Lebensmittel, die er kurz vor dem Verfallsdatum aussortieren muss, zu schenken – egal wie heftig ich protestiere.

● Es gibt zwei Dinge, an die ich mich nicht gewöhnen kann, weil sie mir einfach nicht in den Kopf wollen:

a) Portugiesen haben unendlich viele Namen. Sie heißen José Manuel Durão Barroso. Oder: Ana Maria Sousa Moreira. Weil sie sowohl den Nachnamen der Mutter als auch den Nachnamen des Vaters erhalten – und häufig auch zwei Vornamen besitzen. Portugiesen also befinden sich in der privilegierten Lage, wahre Füllhörner an wohlklingenden Namen mit sich herumzutragen – aber sie verwenden sie nicht. Weder am Telefon noch auf dem Klingelschild. Sodass ich mich jedes Mal, wenn ich jemanden besuchen möchte, ratlos frage, auf welche der vielen Knöpfe, die lediglich die Nummern der Etagen tragen, ich drücken soll.

b) In Portugal zählt man – außer Samstag und Sonntag, die Sábado und Domingo heißen – die Wochentage einfach durch. Segunda-feira, Terça-feira, Quarta-feira, Quinta-feira, Sexta-feira. Und es will mir einfach nicht in den Kopf, dass der Montag Segunda heißt, weil er für mich nun mal der erste Tag der Woche ist.

● Mein kleines Zimmerchen ist noch kleiner geworden, weil es mir nicht mehr alleine gehört. Seit ich ihn im September – ausnahmsweise – bei mir habe übernachten lassen, hat der Kater Bob Marley jeden Zentimeter meines

Quartiers besetzt, so selbstverständlich, als wolle er in die Fußstapfen der portugiesischen Conquistadores treten. Egal, ob es ums Bett, den Schreibtisch oder den Sessel geht – Bob Marley gehört die Welt.

● Ich habe nicht mit dem Rauchen begonnen und trotzdem mit dem Spucken aufgehört.

● Nur eine herbe Schlappe habe ich auf meinem bisherigen Weg der Einbürgerung erlitten (unter den hingebungsvollen Blicken der beiden Teenies steuert die Telenovela im Fernsehen auf ihr Ende zu, wappnet sich für den Cliffhanger, untermalt von dramatischer Musik): Ich habe es irgendwann ohne Schwarzbrot nicht mehr ausgehalten. Weil ich von Kindesbeinen an darauf konditioniert bin. Und weil das portugiesische Brot einfach aus nichts besteht. Und das, was hier in manchen Bäckereien als Vollkornbrot bezeichnet wird, sich ebenfalls aus nichts zusammensetzt. Also habe ich die ganze Stadt durchkämmt und schließlich in einem der raren, an einer Hand abzählbaren Bioläden schnödes, aus Deutschland importiertes Schwarzbrot gefunden, das ich nun abends verschämt und unter den mitleidigen Blicken von Marta und Jorge in mich hinein mümmle.

Alles in allem, so finde ich, ist das eine ziemlich gute Bilanz. Alles in allem, so denke ich, kann ich dem Jahreswechsel gelassen entgegensehen. Ich falte die Papiertischdecke mit dem ungewöhnlichen Stammbaum zusammen, verstaue sie samt Notizbuch in meiner Tasche, verspreche den beiden Teenies, dass ich ab sofort regelmäßig die Telenovela schauen werde, und winke ihnen noch einmal zu, als ich durch die Tür gehe. „Boas entradas!", rufen sie mir fröhlich hinterher, während sie den Fernseher ausschalten, „Guten Rutsch!"

✳ ✳ ✳

Zwei Tage später stehe ich mit Inês und ihrer Freundin Teresa auf dem Miradouro da Igreja da Graça, trinke Sekt und feiere das wohl ruhigste Silvester meines Lebens. Wegen der Wirtschaftskrise hat die portugiesische Regierung nicht nur die Weihnachtsdekoration gestrichen, sondern auch das Feuerwerk, das in Portugal klugerweise Staatsaffäre ist. Privatpersonen dürfen hier nicht einfach herumknallen, weswegen es auch keine Böller im Supermarkt zu kaufen gibt. Das hat den angenehmen Nebeneffekt, dass ich mich an Silvester endlich einmal nicht wie im Krieg fühlen muss, den unverhofft explodierenden Böllern gleich Tretminen ausweichend. Die Lichter der Stadt, die sich auf dem Wasser des Tejo brechen, sind Feuerwerks genug – und hier oben, vom Miradouro aus betrachtet, legen sie sich uns sogar zu Füßen.

Nicht nur an Silvester, auch sonst gehören die Miradouros zu meinen liebsten Orten in Lissabon, es vergeht kein Tag, an dem ich nicht wenigstens ein paar Minuten auf einem der vielen Aussichtspunkte dieser Stadt verbringe. Wörtlich übersetzt heißt Miradouro: Gold sehen – und Gold kann man hier fast von jedem Viertel aus betrachten, in Graça sogar von zwei verschiedenen Stellen aus. Die Miradouros bieten die Möglichkeit, den Blick zu weiten, die Augen ein Stück Unendlichkeit atmen und zur Ruhe kommen zu lassen – so, als stünde man am Meer. Nur, dass die Unendlichkeit hier nicht aus Wasser und Horizont, sondern aus Häuserwürfeln und Horizont besteht. Ich habe ihnen einen Namen gegeben, diesen Aussichtspunkten, habe sie „Fermaten" getauft. „Fermaten", weil sie, mitten im Großstadtgetümmel, mitten im Alltag, Orte sind, an denen der Zeitfluss einfach innehält.

Die Miradouros, so meine Überzeugung, verändern das Sehen. Und das Sehen ist wichtig in Lissabon. Wenn man durch die Straßen geht und nach oben blickt, entdeckt man oft ein Gesicht, das am Fenster lehnt, um nichts anderes zu tun, als zu schauen. Es ist kein voyeuristischer Blick, keiner, der sich spionierend hinter dem Vorhang versteckt. Es ist ein reflexiver, sich versenkender Blick, ein Blick, der an den Miradouros in die Schule gegangen ist. Manchmal scheint es mir, dass selbst die Katzen, die majestätisch auf den Fenstersimsen residieren, diesen meditativen Blick besitzen.

Dez – nove – oito – sete – seis ... der Countdown reißt mich aus meinen Gedanken, nur noch wenige Sekunden bis Mitternacht! Schnell streuen wir Rosinen in unsere Hände – und dann schlägt die Kirchenglocke der Igreja da Graça zwölf Mal. Mit jedem Glockenschlag stopfen wir uns eine Rosine in den Mund, denn der Brauch will es, dass auf diese Weise zwölf Wünsche in Erfüllung gehen. Und danach umarmen wir uns, stoßen mit den Pappbechern an und ziehen Topfdeckel aus unseren Taschen, um doch noch ein bisschen Lärm in dieses stille Silvester zu bringen: Wir schlagen die Deckel aneinander und weil auch das zu den portugiesischen Bräuchen gehört, tun es um uns herum uns alle gleich, oben auf dem Miradouro und unten in der Baixa, diesseits und jenseits des Tejo, draußen auf den Straßen und drinnen in den Häusern, vor und hinter den Fenstern – ringsum werden Töpfe und Kochlöffel strapaziert, damit wir alle gemeinsam mit einer lauthals kakofonen Fanfare der Kücheninstrumente ins neue Jahr einziehen können. Und über das Deckelgeklapper hinweg rufen wir „Um bom ano novo!" in die Welt, und weil wir so neugierig sind, wollen wir voneinander wissen, was die Rosinen denn wahr machen sollen. „Eigentlich ist es streng verboten, die Wünsche zu verraten", warnt Inês, „dann gehen sie nicht in Erfüllung." – „Ach, einen von den zwölfen darf man bestimmt sagen!", schreit Teresa über den Lärm hinweg zurück. – „Also los! Wer fängt an?" – „Ich will einen guten Job!", ruft Teresa uns zu und schickt noch grinsend hinterher: „Und natürlich hab ich, wie jedes Jahr, ewige Schönheit bestellt!" Inês gießt noch einen Schluck Sekt nach und gesteht schüchtern, dass die Rosinen ihr eine neue Liebe bringen sollen.

Und ich? Ich habe mir zwölf Mal dasselbe gewünscht: dass gerade alles so bleibt, wie es ist. Weil sich mein Wunsch nämlich schon erfüllt hat: hier zu sein in Lissabon. Hier zu sein, wo ich so glücklich bin.

Und deshalb will ich jetzt noch einmal anstoßen. Saúde! Auf Lissabon – und auf die kommenden Monate in dieser Stadt!

Janeiro

DAS NEUE JAHR BEGINNT MIT EINEM PAUKENSCHLAG: Mir ist der Diphthong in die Nase gerutscht. Einfach so. Ohne dass ich gemogelt habe. Weder habe ich mir die Nase zugehalten noch war ich verschnupft. Es passierte vor zwei Minuten, als ich Victors Laden betrat, um mir vor der Arbeit noch schnell eine Flasche Wasser zu holen. Ich begrüßte Victor wie immer mit einem „Bom dia, tudo bem?" und dann den Hund mit „Olá, Cão!". Da prickelte es plötzlich in meiner Nase, und ein mir bisher nicht bekannter Resonanzraum öffnete sich zu ungeahntem Volumen. „Cão" wiederhole ich, „Cão" – und jedes Mal aufs Neue zischt es mir wie Schnupfpulver durch die Nase. „Caramba!", staunt Victor, der unmittelbar begreift, dass er Zeuge eines historischen Augenblickes ist. Natürlich habe ich auch schon vorher „Olá, Cão" sagen können, aber das spielte sich in einer anderen Liga ab, das war einfach ein anderes Fahrgefühl.

Ich bin so außer mir, dass ich den Weg zur Arbeit damit verbringe, alle Substantive mit ão aufzusagen, die mein Wortschatz kennt: cão, pão, não, irmão, cartão, estação, informação, exposição, administração, separação, discussão, communicação, autorização, enscenação ... Und dann sage ich all diese Substantive, die mir einfallen, auch noch im Plural auf: cães, pães, irmãos, cartões, estações, informações ... – diese Form des Diphthongs ist anders, etwas verhaltener, introvertierter, weniger raumgreifend, aber nicht minder berauschend. Bei der Arbeit kann ich mich nicht stoppen, weshalb mein Chef am Nachmittag der Meinung ist, dass es besser sei, mich früher in den Feierabend zu schicken.

66

Zu Hause führe ich erst Bob Marley, meinem heimlichen Mentor in Sachen Diphthong, und dann, beim abendlichen Süppchen, Marta und Jorge vor, was mir widerfahren ist. Bob hält sich bedeckt, gibt ein kurzes, nicht zu deutendes „Machão" von sich, um sich gähnend wieder einzurollen. Doch Marta quittiert meinen Lernerfolg mit der höchsten Auszeichnung, die sich in Portugal vergeben lässt: „Cinco estrelas (sprich: sinku schträlläsch) – fünf Sterne!" Und Jorge hat viel Stolz in der Stimme, als er ihr grinsend beipflichtet – mit Worten, die mir wie Honig in die Ohren fließen: „Agora ela é uma portuguesa."

Und weil in meiner Nase nun der Diphthong wohnt und ich von Jorge zur Portugiesin ernannt worden bin, fühle ich mich dazu gewappnet, vom Fado zu sprechen. Denn meiner Meinung nach gäbe es den Fado ohne den Diphthong nicht. Wie sollte dieser Gesang, der sich wie ein Schluchzen äußert, dieser Gesang, der sich mit chromatischen Linien auflädt, mit Sekundschritten färbt, mit seufzenden Ornamenten schmückt – wie sollte dieser Gesang ohne die ão-Laute entstanden sein und ohne sie sein spezifisches Klangprofil erhalten haben?

Natürlich hatte ich den Fado bereits vor meiner Ankunft in Lissabon gekannt, auch einige CDs in meiner Sammlung beheimatet. Aber um ehrlich zu sein hatte ich ihn insgeheim für ein längst lexikalisiertes und nur für die Touristen wiederbelebtes Phänomen gehalten. Schon nach kürzester Zeit in Lissabon jedoch wurde ich eines Besseren belehrt. Denn schon nach kürzester Zeit stolperte ich über seine wohl lebendigste Daseinsform.

Es geschah im November, und es geschah per Zufall. Ich war dabei, in den Supermarkt zu rennen, ehe er schließt – ja, damals hatte ich die Lektion „Não corra!" noch nicht gelernt –, ich war also dabei, in den Supermarkt zu rennen, da sah ich im Vorübereilen, dass in der kleinen Taverne auf der Rua da Graça ein Konzert gegeben wird. Ich blieb stehen und lauschte: Es war Fado, der gesungen wurde. „Kommen Sie doch rein", lud der Mann an der Tür mich ein. „Hab leider keine Zeit." – „Só cinco minutos!" Recht hat er, wenigstens kurz kann ich zuhören. Aus den fünf Minuten wurden zwei Stunden und drei Glas Bier, und der Supermarkt hatte längst geschlossen, als ich nach Hause ging. Es war wunderbar. Mir war der Fado Vadio über den Weg gestolpert.

Música ao vivo nennen die Portugiesen Live-Musik, und das Leben, das Lebendige, steckt ganz besonders im Fado Vadio, dem Fado, der den Menschen gehört. Denn bei den Veranstaltungen des Fado Vadio, was wörtlich übersetzt „Fado des Landstreichers" heißt, singen keine professionellen Fadistas, nein, beim Fado Vadio darf jeder auftreten, der die Lust und den Mut dazu hat. Die junge Verkäuferin mit der kraftvollen Stimme ebenso wie der alte Pensionär, der eigentlich nur noch sprechen, aber nicht mehr singen kann. Allein von einer Gitarre begleitet, wird das Lokal zum Forum für alle, die sich ausdrücken möchten. Einzige Bedingung, die den Amateuren gestellt wird: Zum traditionellen Liedtext soll eine eigene Strophe dazuerfunden werden, aber ganz so strikt sind die Gesetze nicht. Wem die Dichtkunst nicht hold war, der darf trotzdem ran. Streng geahndet werden allerdings alle, die während des Vortrags respektlos plaudern und die Konzentration stören. „Ssssst! Silêncio, que se vai cantar o fado!" Nur beim Refrain muss das Publikum nicht mehr schweigen, da darf der Monolog zum Chor werden. Fast alle Portugiesen, die an jenem Abend in der kleinen Taverne in der Rua da Graça zuhörten, kannten die Texte der traditionellen Fados auswendig und sangen den Refrain mit, für jeden war ein Lieblingslied dabei und beim Mitsummen mischten sich viele Erinnerungen, Emotionen und sogar die ein oder andere Träne in die Musik. Auch der finnische Tourist, der neben mir stand, war kurz vor der Auflösung begriffen, „I love the Wawo", schluchzte er mir zu und nahm noch einen tiefen Schluck aus seinem Bierglas – „You mean Fado?" – „Yes, Wawo. It's so beautiful." Und es ergab sofort Sinn für mich, dass die finnische Seele und der Fado irgendwie zusammengehören ... Am Ende eines jeden Liedes brandete der Applaus auf, „Muito bom, muito bom!", rief ein Mann nach vorne, und der Kellner hörte auf, Bier zu zapfen, um ebenfalls kraftvoll die Hände aufeinanderzuschlagen. Beim Fado Vadio sind schon manche späteren Fadistas entdeckt worden.

Bei dieser ersten Begegnung mit einem Fado jenseits des Schall-Archivs, meiner ersten Begegnung mit einem alltäglichen Fado, hatte ich Blut geleckt. Ich ergriff die nächste Möglichkeit, um auf dem Feira da Ladra vorbeizuschauen, mich mit CDs der unterschiedlichsten Interpreten einzudecken und einmal komplett durch die gesamte Geschichte dieser Gattung „hindurchzufressen". Ich kaufte mir Aufnahmen von Amália Rodrigues, der Großen, die die Portugiesen auch Jahre nach ihrem Tod noch immer schlicht „Amália" nennen – so, als gehöre sie zur Familie. Von Alfredo Marceneiro, dem lapidaren, rotzigen „Sprecher" des Fado. Von Zeca Afonso, der aus den strengen Formen des Fado ausbrach und ihn während der Diktatur als Sprachrohr politischen Protests nutzte. Von Carlos Paredes, dem legendären Gitarristen. Ich sah einen Film über Alain Oulman, dessen Kompositionen nicht minder beeindruckend sind als seine Biografie. Und ich beschäftigte mich mit den Texten des Fado, die von Schmerz, Hingabe und von Sehnsucht handeln, einer nicht näher definierbaren Sehnsucht nach einer verlorenen Liebe, einem anderen Leben, nach der Vergangenheit und der Zukunft, nach Unendlichkeit und vielleicht auch nach einem anderen Selbst. Und: Viele Lieder kreisen um eine besonders große Liebe – um die Liebe zu Lissabon. Lieder, die die Mouraria, die Wiege des Fado, besingen oder die Alfama oder den Tejo. Sogar ganze Alben sind Lissabon gewidmet, wie beispielsweise das von Carlos do Carmo aus den Siebzigerjahren „Um homem na cidade": ein zwölfliedriges Porträt der Stadt mit ihren Menschen, ihren Vierteln und Plätzen, ihren Märkten und Azulejos, ihren Kastanienverkäufern und Straßenbahnen.

Und so scheint es mir kein Zufall, sondern folgerichtig zu sein, dass nur wenige Wochen nach Beginn meines intensiven Austauschs mit dieser Gattung der Fado zum Weltkulturerbe der UNESCO erklärt wird. „Orgulhe-se! Seien Sie stolz", ist seither auf Plakaten zu lesen, die über die ganze Stadt verteilt sind. „A nossa canção – unser Gesang". Zehn Jahre haben sich die Intellektuellen und Verantwortlichen des Landes bemüht, die Auszeichnung zu erhalten. Und nun, da es endlich gelungen ist, wird im Coliseu, dem riesigen, arenaförmigen Veranstaltungsort nahe dem Rossio, ein Konzert gegeben, bei dem alle großen Sänger des Fado auftreten. Die Karten werden quasi verschenkt, jeder soll an der Feier teilhaben können, und so bin ich mittendrin, als zu Beginn die Nationalhymne gesungen wird und die Moderatoren vor den laufenden Fernsehkameras die ersten Künstler ankündigen. Ganze Generationen des Fado umfasst die Auswahl der Sänger, ganze stilistische Dekaden. Egal, ob es die Fadistas der älteren Garde wie Maria da Fé und Carlos do Carmo oder die der jüngeren wie Mariza,

Carminho, António Zambujo sind, alle werden sie jubelnd von ihrem Publikum empfangen und gefeiert. Carminho, die derzeit wohl jüngste Fadista, das Nesthäkchen, singt einen Klassiker des Fado-Repertoires, „O meu amor é marinheiro", gefolgt von Carlos do Carmo, bei dessen „Um homen na cidade" alle Zuschauer aufstehen und in den Refrain einstimmen. António Zambujo bleibt lässig, während er sein vom Bossa Nova gespeistes Lied vorträgt, wohingegen Mariza ihren Gesang mit allem verfügbaren Affekt auflädt. Ganz besonders aber rührt mich Argentina Santos, eine der alten Damen des Fado, so zerbrechlich, dass sie nicht mehr alleine auf die Bühne gehen kann und sich dort sichtlich unwohl fühlt. Scheu wie ein Reh singt sie, mehr für sich denn für die Öffentlichkeit.

„Schicksal" bedeutet Fado übersetzt, und tatsächlich herrscht jedes Mal, bevor die Musik beginnt, eine dichte, demütige Stille, so, als würde sich das gesamte Publikum, ungeachtet der Fernsehkameras, in einen inneren Rückzug begeben, um möglichst aufmerksam hören zu können. „Fado kann man nicht lernen, den Fado trägt man in sich oder nicht", behaupten die Portugiesen, um zu unterstreichen, dass es bei diesem Gesang weniger um eine technische Fertigkeit denn um den Ausdruck eines emotionalen Zustands geht: um die Seele, die sich nach außen kehrt. Deshalb gibt es in Portugal auch kein Konservatorium, um den Fado zu studieren. Vielmehr zeigt die Geschichte der meisten berühmten Fado-Sänger, dass sie bereits als Kinder in Kontakt gekommen sind mit der Musik, weil die Mutter eine Fadista oder der Vater ein Gitarrist war – und das Handwerk somit quasi in der Familie weitergegeben wurde.

„Estás a gostar? – Gefällt's dir?", fragt mich der junge Mann neben mir. Wir kommen ins Gespräch und Ricardo verrät mir, dass er selbst ein Fado-Gitarrist ist. Ricardo, so merke ich, ist aber zugleich auch ein Spielverderber. Denn während wir plaudern und ich stolz all die Kenntnisse ausbreite, die ich mir bisher über den Fado angeeignet habe, entmythologisiert er trocken meine reproduzierten Klischees. „Klar geht es um alles beim Fado, klar kommt der Gesang aus der Tiefe der Seele, aber um ganz ehrlich zu sein: Für mich ist Fado Mathematik." – „Mathematik? Wie meinst du das?" frage ich entgeistert. – „Nächste Woche spiele ich mit ein paar Leuten im Café des Fado-Museums. Um 22 Uhr haben die Touristen ihr Menü gegessen und das Zuhören kostet keinen Eintritt mehr. Komm doch vorbei, dann erkläre ich dir genauer, was ich meine."

Also lerne ich wenige Tage später den Fado Professional aus der Nähe kennen. Förmlicher als der Fado Vadio – und hier, in dem kleinen Café, wesentlich intimer als im Coliseu. Neben Ricardo, der die Bassgitarre, die Viola baixo, spielt, sitzen zwei weitere Gitarristen, einer mit einer normalen Gitarre, der andere mit einem zwölfsaitigen, mandolinenartigen Instrument, der Guitarra portuguesa. Letztere ist für die melodische Linie, für die Verzierungen und die Ornamentik, für den Dialog mit dem Sänger zuständig. Ich kann dem Musiker direkt auf die Finger schauen und sehen, dass er mit seiner rechten Hand nur zwei Finger einsetzt – den Daumen und den Zeigefinger. Um das Zupfen zu erleichtern, steckt auf beiden Fingern eine Art Kralle, ein Hütchen mit metallenem Plektron. So wird ein Klang erzeugt, der einerseits folkloristisch, andererseits aber auch artifiziell und kunstvoll wirkt. Zart und rau zugleich. Die drei Gitarristen bilden ein eingespieltes und empathisches Ensemble, sie atmen mit dem Sänger, drängen sich nie in den Vordergrund. Und nach jedem Lied, während der Applaus spricht, flüstert der Fadista seinen drei Musikern etwas zu – und sie reagieren unmittelbar.

„Ich habe das natürlich ein bisschen provokant formuliert mit der Mathematik", grinst Ricardo in der Pause, „aber ganz aus der Luft gegriffen ist es nicht. Du hast ja gerade gesehen, dass wir Gitarristen das gesamte Repertoire auswendig draufhaben. Rui", er zeigt auf den Sänger, „sagt uns einen Liedtitel und eine Tonart an, und wir müssen in der Lage sein, die Noten spontan zu transponieren. Das hat manchmal leider mehr mit Kopfrechnen als mit Musik zu tun ..." Auch während wir uns unterhalten, klimpern die drei Musiker backstage unaufhörlich weiter, so, als seien sie mit ihrem Instrument verwachsen. Ricardos Kollegen sind schätzungsweise vierzehn Jahre alt und ich frage, ob sie seine Schüler sind. „Nee", lacht er, „die sind schon besser als ich. Die meisten fangen hier sehr früh an – und können dann nicht mehr aufhören."

Von Ricardo erfahre ich alles über den Fado: Dass er Ende des 18. Jahrhunderts entstanden ist, man sich jedoch über seine Herkunft streitet – darüber, ob er von den portugiesischen Seeleuten entwickelt wurde oder brasilianische Ursprünge besitzt. Dass er aber auf jeden Fall seinen Platz in Lissabon hatte, in der Mouraria, dem Viertel der Prostituierten, und „A severa", eine Prostituierte, die erste Fadista war, die diesen Gesang salonfähig machte, indem sie ihn an den Hof brachte. Dass er im Laufe des 20. Jahrhunderts seinen verruchten Ruf verlor, in Zeiten der Diktatur aber dazu instrumentalisiert wurde, das Volk zu indoktrinieren – und deshalb nach der Nelkenrevolution zunächst gemieden wurde, ehe sich ein paar junge Fadistas daran wagten, ihn wieder aufleben zu lassen. Und dass viele neue Bands den traditionellen Fado als Quelle der Inspiration nutzen, um andere musikalische Formen und andere stilistische Ausprägungen zu suchen – was sich erfrischend auf die Entwicklung und den Reichtum der portugiesischen Musik auswirke, den Puristen allerdings ein Dorn im Auge sei.

Während ich nach der Pause weiter zuhöre und die virtuosen Finger über die Saiten der Guitarra portuguesa huschen sehe, denke ich darüber nach, dass ich Lissabon nun in vielerlei Hinsicht über die Ohren kennengelernt habe. Mir sind die Geräusche dieser Stadt vertraut: die Schiffshupen, die morgens vom Tejo heraufdringen, wenn es neblig ist, das Rattern der Eléctrico, der kleinen gelben Tram, den metallenen Klang der Gaskartuschen, wenn sie in kleinen Lieferwägen über die Pflastersteine holpern, das Geschrei der Händler auf dem Feira da Ladra, das Geklapper des Geschirrs in den Pastelarias, die Stimme von Nadador Salvador über Wasser und unter Wasser, das Hundegebell. Ich kenne nun aber auch die vielfältigen musikalischen Auseinandersetzungen mit Lissabon, die Gesänge der Fadistas, die Kompositionen, die für diese Stadt und in ihr und aus ihr heraus geschrieben wurden. Ich habe nun meinen ganz persönlichen Soundtrack zu Lissabon.

Auch bei der Arbeit höre ich bisweilen Fado – sehr zum Ärger meiner Kollegen, die behaupten, ich wolle sie mit diesem „altmodischen Gejaule" foltern. Doch im Moment haben wir so viel zu tun, dass musikalische Ablenkung nicht schaden kann – die Vernissage Ende des Monats rückt näher, und somit laufen die Vorbereitungen auf Hochtouren. Vier Wochen lang war der Palast für die Besucher geschlossen, wir haben die Werke der vorangegangenen Ausstellung abgebaut, registriert, in große Holzkisten verpackt und entweder an Galerien und Museen weiterverschickt oder übergangsweise in unseren Räumen gelagert. Mit viel Quälerei haben wir eine riesige Holzkonstruktion im Garten zersägt und die Stücke im Materialfundus des Palastes verstaut – vielleicht kann man sie irgendwann gebrauchen; da es kein Geld gibt, wird sorgsam recycelt. Tagelang haben wir mit Spachteln Wachs vom Boden entfernt und somit ein Werk einer brasilianischen Künstlerin für immer dem Müll anheimgegeben. Wir haben geputzt und das 200 Jahre alte Parkett geölt, das so gierig getrunken hat, als sei es am Verdursten gewesen. Wir haben viel diskutiert, denn das gehört in Portugal zu jeder Arbeitshandlung dazu – und weil ich die Diskussionen bisweilen ungeduldig mit dem Kommentar „Nun lasst uns doch einfach anfangen!" unterbrochen habe, trage ich neuerdings den Spitznamen „o pragmatismo alemão – der deutsche Pragmatismus". Wir sind erschöpft von der anstrengenden körperlichen Arbeit, haben Muskelkater und geschwollene Hände.

Und nun sind die neuen Künstler angekommen und die „desmontagem" mutiert zur „montagem". Wir schlagen Nägel in die Wand, um eine Sammlung vieler kleiner Bilder aufzuhängen, seilen eine Leinwand von der Decke ab, die schließlich wie unsichtbar im Raum schweben soll, stellen Videoprojektoren auf und justieren sie stundenlang, beraten uns über den Umgang mit Licht, machen wandgroße Passepartouts für die Projektion, streichen Türen weiß, die vorher braun waren, hieven auf riesige Metallwände gedruckte Radierungen in den weißen Saal, bauen eine Plattform für das Werk einer belgischen Künstlerin, suchen die Bücher aus, die auf dem Büchertisch bereitgelegt werden. Und drucken am Ende die Schilder mit den Werktiteln aus, um sie an die Wände zu heften. Nun hat alles, was wir gemeinsam mit den Künstlern aufgebaut haben, auch einen Namen.

Am letzten Tag, als alles fertig ist, richten wir im roten Saal, in dem die Patina die Malereien an den Wänden mit einer feinen Schicht Vergangenheit überzogen hat, einen langen Tisch und veranstalten ein kleines Festbankett für uns selbst. Mit getoasteten Sandwiches, Orangen aus dem Supermarkt und drei Flaschen Wein aus dem Pappbecher. Rosa, die immer wieder vorbeigeschaut hat, um unsere Arbeit fotografisch zu dokumentieren, hat einen großen Schokoladenkuchen gebacken. Inmitten der Werke, die noch nicht „entjungfert" wurden und auf die ersten Besucher warten, inmitten des alten Gebäudes, das so viel Geschichte in sich trägt, tafeln wir. Es wird gekaut und geredet, getrunken und geschimpft. Beschwerden werden laut über eine Kulturförderung, die es nicht gibt. Die jungen Volontäre, allesamt gut ausgebildete Kunsthistoriker, die hier arbeiten, ohne etwas zu verdienen, sind zornig, dass es so wenige Möglichkeiten für sie gibt, einen Job zu finden. „In Portugal sitzen die Direktoren der Museen vierzig Jahre lang auf ein und derselben Stelle. Und oft haben sie nicht einmal Ahnung von dem, was sie tun." – „Ja, stimmt, die Chefin vom Y-Museum ist gar keine Kunsthistorikerin, die ist eigentlich Architektin." – „Der vom XY auch." – „Es ist zum Kotzen." – „Und im Moment fließt das ganze Geld nach Porto ins neue Konzertzentrum. Millionen! Allein das Design der Saisonbroschüre hat Unmengen verschlungen. Schönes Vorzeigeprojekt fürs Ausland." Ich erfahre, dass das Kulturministerium vor wenigen Jahren aufgelöst wurde und es nun nur noch ein Kultursekretariat gibt, das dem Bildungsministerium unterstellt ist und deshalb wenig Einfluss hat. Absurd, so denke ich, in einem Land, in dem es mir oft scheint, als sei jeder einzelne Stein von historischer Bedeutung, als trage jedes zweite Gebäude die Auszeichnung Weltkulturerbe.

Ich frage die Künstler, was es heißt, unter diesen Bedingungen zu arbeiten. Tiago, der Malereistudent mit dem deutschen Gen und der dunklen Hornbrille, erzählt, dass viele seiner Malerei-Kommilitonen Deutsch lernen in der Hoffnung, irgendwann nach Deutschland ziehen zu können – sie rechnen sich dort mehr Chancen aus. „Hier interessiert sich doch sowieso niemand für Kunst", behauptet Tiago. „Die wollen hier doch alle nur Spaß haben." Ein Freund von ihm ist bereits nach Leipzig übergesiedelt: „Am Anfang ist er so oft wie möglich Blut spenden gegangen, um ein bisschen Geld reinzukriegen, und inzwischen kann er mehr oder weniger von seiner Kunst leben." Nuno, der in der neuen Ausstellung eine Videoprojektion präsentiert, relativiert Tiagos Sicht – denn er hat bereits in Deutschland gelebt. Sechs Jahre lang hat er versucht, in Berlin als Künstler Fuß zu fassen, ist dann aber nach Portugal zurückgekehrt: „Das System in Berlin war sehr verschlossen, ich habe es nicht geschafft, reinzukommen. Und machen wir uns doch nichts vor: Es ist nirgends leicht, als Künstler zu überleben. Ich glaube nicht, dass es hier so viel schwieriger ist als anderswo." Wir sitzen, essen und reden, trinken noch eine Flasche Wein, während der Palast uns dabei zuschaut. Mir scheint, er genießt es, dass wir ihn so lebendig benutzen.

Am nächsten Tag werden die Türen geöffnet, die Säle sind so voll, wie ich sie sonst nicht erlebt habe, 500 Besucher schieben sich durch die Ausstellung hindurch und in den Garten hinein, wo Tiago und ich Bier zapfen und an die Gäste verteilen. Es sind unterschiedliche Menschen, Künstler, Kuratoren, Kulturinteressierte, Freunde und Angehörige. Victor kommt zu Besuch, hat aber mehr für den Marmor an den Wänden übrig als für die zeitgenössische Kunst („Caramba, das ist Marmor aus Mafra!"), Inês und Teresa schauen vorbei und nach dem Ende der Vernissage feiern wir noch lange, tanzen auf dem alten Parkett, um uns gebührend von den Künstlern zu verabschieden, die eine Zeit lang zu Gast waren im Palast. Die eine Zeit lang seine Seele neu belebt, sein Inneres verändert haben.

✳ ✳ ✳

Auf dem Nachhauseweg, es ist schon tiefe Nacht, bleibe ich stehen. Wieder einmal. Immer an derselben Stelle – vor dem Schaufenster meines Lieblings-Cabeleileiro. So, wie in Lissabon an jeder zweiten Ecke eine Pastelaria oder eine Mercearia aus dem Boden ragt, tummelt sich alle zwanzig Meter ein Frisör. Vielleicht sogar alle fünfzehn Meter. Es gibt „trendige" Schuppen wie in jeder anderen Stadt auch – und es gibt Cabeleileiros, die so einzigartig sind, dass sie sich nur hier finden lassen. Fossile, die wie aus einer anderen Zeit konserviert scheinen: In den Schaufenstern vergilben die Modellfotos neben den Kolorierungspackungen von Schwarzkopf und Wella, riesige Trockenhauben schweben wie Ufos im Raum, uralte muschelförmige Waschbecken schlummern in der Ecke, und entlang den Spiegeln reihen sich monströse, üppig ausgreifende Sitze. Meist sind die Läden für Männer und die für Frauen streng getrennt, die Arbeiter dieser Zunft haben sich spezialisiert, und mir scheinen die Geschäfte für die Herren noch schöner und anachronistischer zu sein als die für die Frauen.

Eines ist klar: Ich kann nicht in Lissabon gelebt haben, ohne einmal bei einem solchen Frisör gewesen zu sein. Aber nicht nur, um vorsichtig die Spitzen kürzen und ein bisschen nachstufen zu lassen, so, dass es keiner merkt. Nein, wenn ich solch einen Frisör besuche, dann muss ich ein radikales Zeichen setzen, einen buchstäblichen Schnitt riskieren und die lange Mähne abschneiden lassen. Seit Monaten strapaziere ich meine Umgebung mit dieser fixen

Idee. Alle raten mir ab. „Estás maluca? Bist du wahnsinnig? Die schönen langen Haare! Und wenn schon, dann nicht bei einem traditionellen Frisör. Geh zu X oder geh zu Y, aber nicht in einen solchen Laden." Mein Kollege Tiago schlägt mir vor, seinen hippen brasilianischen Frisör auszuprobieren, aber ich träume weiter von einem Ausflug in die Vergangenheit.

Der Ausflug in die Vergangenheit hat, von meiner spielverderberischen Umwelt abgesehen, ein nicht zu unterschätzendes Problem: Mein Lieblings-Cabeleileiro ist in Wahrheit ein Barbeiro, ein Männerfrisör. Ich müsste ihn also überhaupt erst einmal überreden, sich meinem Frauenhaar zu widmen. Dieser knifflige Aspekt wiederum ist es, der nun doch noch Tiagos Interesse weckt, als wir zwei Tage später im Produktionsraum des Palastes die Regale mit den Werkzeugen neu sortieren: „Está bem", eröffnet er mir plötzlich, „wir gehen da jetzt gemeinsam hin. Du lässt dir die Haare schneiden und ich lasse mich mal so richtig schön rasieren."

Nach der Arbeit schauen wir beim Frisör vorbei, der einen weißen Kittel und perfekt gegelte Haare trägt, und ich schildere ihm mein Anliegen. Er mustert mich dezent und erklärt der Estrangeira dann freundlich, dass es sich hier um einen Frisör für Männer handle, das stehe auch draußen auf dem Schild über der Tür. Ja, das wisse ich, aber mir gefalle der Laden so unglaublich gut, und ich wolle ihn deshalb fragen, ob er nicht eine Ausnahme machen könne. Der Frisör ist verwirrt. Ob ich nicht verstanden habe: Er sei ein Frisör für Männer und deshalb auf Männerhaare und Männerfrisuren spezialisiert. Doch, ich habe verstanden, aber ich sei sicher, dass er auch meine Haare hinkriegen könne. So viel ausländischer Sturheit muss man vielleicht mit einem persönlichen Geständnis begegnen, denkt

sich der Frisör und offenbart mir deshalb, dass die einzigen
weiblichen Köpfe, die er seit Jahren frisiert habe, die seiner
Frau und seiner beiden Töchter seien. Das ist der Moment,
den Tiago beim Schopfe packt: Ach, das sei ja großartig,
dann würde er doch bestimmt auch die Haare seiner Amiga
aus Deutschland schön geschnitten kriegen. Der Frisör fühlt
sich überrumpelt und sagt: Nein. Meine Augen, die noch
einmal sehnsüchtig über die Waschbecken und Spiegel wandern, füllen sich mit Tränen – und das Herz des Cabeleileiro mit den perfekt gegelten Haaren auch. Er wird weich.
Ob es denn wirklich unbedingt hier sein müsse? Er könne
mir einen exzellenten Frauenfrisör empfehlen. Ja, es müsse hier sein. Er atmet tief durch. Na gut. Aber wirklich nur
dieses eine Mal. Wir dürften es niemandem weitererzählen.
Und wir müssten morgens um acht Uhr kommen, wenn der
Laden eigentlich noch geschlossen ist. Die Spiegel lächeln
uns zu, die Sessel laden uns ein, até amanhã also, bis morgen!
    Am nächsten Tag betrete ich voller Herzklopfen mit
Tiago den Laden, wo uns der Cabeleileiro mit den perfekt
gegelten Haaren und sein Auszubildender mit nicht minder perfekt gegelten Haaren erwarten. So leer und ganz ohne Kunden wirken die Spiegel plötzlich nüchtern und die
Sessel angriffslustig. Wie Krallen scheinen sie ihre Sprung-
federn auszufahren, als ich mich auf ihnen niederlasse, und
die Wände reflektieren das Echo meines nervösen Puls-
schlags, während der Frisör mich nun, so prosaisch, als
würde ich an der Metzgerei-Theke ein paar Scheiben Schinken kaufen wollen, fragt, „was es denn sein soll". „Cortar,
kürzen", stammle ich, und dann stockt mir der Atem, denn
ich überlege, ob es nicht vielleicht besser ist, einfach ein Foto
vom Frisör und mir zu machen und ganz schnell wieder die
Flucht zu ergreifen. „Então, cortar. Mas como – aber wie?",

bohrt der Frisör weiter. „Assím", sage ich, „so", und halte, weil es mir die Sprache nun komplett verschlägt, meine Hand ans Kinn, was mir in diesem Moment so brachial wie ein guillotinaler Akt erscheint. Im Gegensatz zu mir ist der Frisör unbeeindruckt, er versucht nicht, mich von meinem Vorhaben abzuhalten, sondern nimmt alles kopfnickend hin und schlingt mir einen großen weißen Umhang um den Hals, um mich endgültig zu entmündigen, steckt meinen Kopf unter den kalten Wasserhahn und dann ... Dann zückt er die Schere. Die mir größer scheint als jede Schere, die ich je gesehen habe. Schnipp, die erste Strähne ist ab. Schnapp, die zweite Strähne folgt. Und jetzt, wo Strähne für Strähne auf den schwarz-weiß-karierten Steinboden fällt und es sowieso kein Zurück mehr gibt, versuche ich mich zu entspannen und Tiago zu überhören, der mir, im Sessel und Rasierschaum gleichermaßen ertrinkend, seine liebsten Frisörgeschichten erzählt. „Weißt du eigentlich, dass ich einer Freundin mal die Haare geschnitten habe? Das Bad war so klein, dass ich immer nur auf einer Seite stehen und deshalb nicht überblicken konnte, wie die Lage auf der anderen Seite war. Also musste ich mehr und mehr und mehr abschneiden, um die Haare auf dieselbe Länge zu kriegen, haha – am Ende sah sie aus wie ein Lastwagenfahrer und musste erst mal zum Frisör!"

Noch ein Zentimeter, noch ein Zentimeter, dann die Stufen – wird das nicht alles viel zu kurz? Zu spät. Schon wandert der Schaum in die Haare. Und danach wird geföhnt. Leider ohne Trockenhaube, Lockenwickler oder Brennschere, schließlich hat auch ein altmodischer Cabeleileiro in Lissabon ein Recht auf Fortschritt. Rundbürste und Fön stehen parat, während Strähne für Strähne kraftvoll von den Borsten erfasst wird, gnadenlos gezwirbelt und gerollt, noch einmal gnadenlos gezwirbelt und gerollt, bis mein ganzer

Kopf vor Spannkraft nur so elektrisiert ist. Anschließend wird Haarfestiger versprüht, literweise. Und dann? Dann schaue ich in den Spiegel und bin mir ganz fremd. Die Frisur ist quasi betoniert, kein Haar kann sich mehr rühren. Mir scheint das kein guter Zeitpunkt für ein Erinnerungsfoto zu sein, denn ich würde am liebsten in Tränen ausbrechen. Noch nicht einmal eine Mütze habe ich dabei, unter der ich mich verstecken könnte. Trotzdem versuche ich, tapfer zu lächeln und beim Bezahlen nicht zu vergessen, mich mehrfach zu bedanken, dass er so freundlich war, eine Ausnahme zu machen, der Cabeleileiro mit den perfekt gegelten Haaren.

Als wir schon draußen sind, werfe ich noch einmal einen Blick in den Laden, schaue noch einmal auf die Spiegel, die Sessel, die muschelförmigen Waschbecken und bin erstaunt, dass sie ihren Zauber nicht verloren haben. Und während ich so schaue, erhasche ich mein Spiegelbild im Schaufenster, wiege den Kopf hin und her und finde mein neues Selbst gar nicht mehr so schlecht. Immerhin, so denke ich, bin ich jetzt einmal in meinem Leben so sorgfältig und gut frisiert wie eine Lisboeta. Und dann kann ich auch schon wieder lachen, weil wir auf diesen Schreck einen Galão trinken gehen und Tiago, der glatt rasiert ist wie eine Schlittschuhbahn mir auf die Schulter klopft und sagt: „Eh pá, ich find's gut – aber wenn's dir nicht gefällt: Mein brasilianischer Frisör macht auch Extensions!"

Fevereiro

„MON PASSEPORT, MON PASSEPORT! NOBODY GO OUT!"
Alle zucken zusammen, für einen Moment lang scheint der
gesamte Waggon den Atem anzuhalten, instinktiv greifen
sämtliche Passagiere zu ihren Handtaschen und drücken
sie fest an den Körper. Die kleine, stämmige Mittfünfzige-
rin, deren Kehle der Schrei entfahren war und die dem Akzent nach offenkundig Französin ist, hat sich im Zentrum
der Straßenbahn postiert und schaut fordernd in die er-
schrockene Stille: „Somebody has stolen my portemonnaie.
Nobody go out, until it is given back to me, vous-entendez!
Nobody go out!" Selbst der Fahrer ist eingeschüchtert von
so viel napoleonischem Eifer, hat dem Befehl widerstands-
los nachgegeben, die Bahn gestoppt und die Ausgänge ver-
riegelt. Der begleitende Ehemann versucht, seiner Frau bei-
zustehen, doch neben dieser flammenden Jeanne d'Arc des
Passeports gibt er eine eher unscheinbare Figur ab. Und nun
verharren wir also, die Türen fest verschlossen, irgendwo auf
der Rua da Voz do Operário, während das Leben anderswo
weitergeht. Überall – nur nicht hier drinnen.

Ich seufze und bereue meine Entscheidung, mit der
Eléctrico gefahren zu sein. Seit mehr als vier Monaten verzichte ich bereitwillig auf sie, nehme nur noch den Bus
oder die U-Bahn, denn längst habe ich genug von der 28,
der kleinen gelben Tram, die zum Stadtbild Lissabons gehört wie die Azulejos oder der Tejo. Wie eine kleine eifrige
Raupe kriecht sie an der Igreja d'Estrella vorbei in den
Bairro Alto, von dort aus weiter in die Baixa, um dann unerbittlich Höhenmeter um Höhenmeter zu erklimmen, hin

zur Kathedrale Sé, hinein in die engen Gassen der Alfama, in denen stellenweise nur noch einspuriges Fahren möglich ist und die Fußgänger sich hektisch an die Häuserwände drücken, um nicht von dem keuchenden Gefährt erfasst zu werden. Seit 1902 frisst sich dieses diensterprobte Fossil durch die Straßen Lissabons, viel hat es gesehen, viel erlebt, ein unermüdliches zeitgeschichtliches Dokument. Wie sehr hatte ich mich nach meiner Ankunft in Lissabon gefreut, als ich nach einem Blick auf den Stadtplan feststellte, dass mein Weg zur Arbeit, von Graça in den Bairro Alto, haargenau der Strecke der 28 entspricht. Und bei meiner ersten Fahrt hatte ich mich auch noch begeistert in dem holzgetäfelten Innenraum durcheinanderschütteln lassen und nicht minder fasziniert dem Fahrer über die Schulter auf das schwere schmiedeeiserne Lenkrad geschaut.

Doch schnell wurde klar: Die gute alte 28 mag zwar für Postkartenromantik taugen, für den Alltag ist sie nicht zu gebrauchen. Täglich bis zum Bersten vollgestopft mit Touristen, kann man den Sitzplatz getrost in den Wind schreiben und stattdessen froh sein, wenn genügend Raum zum Atmen bleibt. Und da die Touristen mit Kameras und dicken Portemonnaies versehen sind, sind sie natürlich ein gefundenes Fressen für Taschendiebe. Allein in den ersten zwei Wochen wurde ich zwei Mal Zeugin eines Diebstahls. Die Langfinger sind geschickt, steigen ein, drängeln, machen Wirbel, und ehe die Bahn abgefahren ist, haben sie sich schon die erste Beute geholt und steigen wieder aus.

Das eigentliche Ärgernis aber ist, dass auf die 28 einfach kein Verlass ist. Stunden stand ich an der Haltestelle, ohne dass die kleine Gelbe um die Ecke bog. Sei es, weil ein Auto auf den Schienen parkt und den Weg versperrt, sei es aus sonstigen Gründen – die alte Dame lässt gerne auf sich warten. Und so hatte ich anfangs jeden Morgen vor der

Arbeit und jeden Abend nach der Arbeit das „Mal-sehen-wer-schneller-ist-Spiel" gespielt, mich zu Fuß von Station zu Station gehangelt – und nicht selten kam es vor, dass ich nach dreißig Minuten zügigen Gehens in Graça eintraf, ohne dass ich auch nur den Hauch einer Bahn gesehen hatte. „Schluss mit der Nostalgie", dachte ich und stieg um, nahm und nehme seither den gänzlich unspektakulären, aber zuverlässigen Bus 735. Außer ... außer heute eben. Heute hatte ich mich dazu verführen lassen, aufzuspringen, weil gerade eine angefahren kam, als ich durch die Rua da Graça ging – und prompt bin ich in die Falle getappt. „Anfängerfehler", denke ich zerknirscht, während ich Teresa eine SMS schicke, dass ich in der 28 feststecke und mich leider verspäten werde. Die Antwort kommt umgehend und mit einem Smiley versehen: „In der 28? Tztztzzz ... Anfängerfehler!"

„Nobody go out! C'est un portemonnaie rouge! Please give it back to me. I need my passeport." Die erste Schockstarre hat sich gelöst, leise beginnen die Fahrgäste miteinander zu tuscheln, doch das vermisste Portemonnaie ist nirgends zu sehen. Verdächtigende Blicke wandern umher, sofort ist ein Pärchen ins Visier genommen, das ärmlich aussieht und nicht zu den Touristen gehört. Die Französin fordert sie auf, das Diebesgut herauszugeben, aber die beiden schweigen beharrlich und schauen teilnahmslos aus dem Fenster, so, als würde sie all das nicht betreffen. Dem Ehemann geht die energische Selbstjustiz seiner Gattin zu weit, er mahnt sie flüsternd zur Contenance – was, wenn das Pärchen völlig zu Unrecht verdächtigt wird? Auf Drängen der Französin hat der Fahrer inzwischen die Polizei gerufen, ich spüre, dass ihm der ganze Vorgang unangenehm ist. Zu viel Aufsehen, zu viel Druck, zu viel ungezügeltes Temperament für ein portugiesisches Gemüt. Und sich von einer hysterischen Touristin, die zu ungeschickt ist, in einem überfüllten Waggon ihr Portemonnaie zu schützen, die Kontrolle über seine Straßenbahn rauben zu lassen – was soll man dazu sagen? „If you give me back my passeport, I won't tell you to the police", verhandelt die Französin weiter in gebrochenem Englisch. Zunehmend lebhafter tauschen die Reisenden nun Thesen zum Vorfall aus, spekulieren über mögliche Tathergänge und eventuelle Spuren, in jedem steckt schließlich ein kleiner Sherlock Holmes, und irgendwann, ich weiß nicht wie, entdeckt einer das Portemonnaie plötzlich auf dem Boden. Welche mysteriösen Wege es bis dahin gegangen ist, wird niemand erfahren, welche Hände es vorher berührt haben, auch nicht – jeder allerdings kann beschwören, dass es dort wenige Sekunden zuvor noch nicht gelegen hat. Als kurz darauf die Polizei eintrifft, hat sich das Problem in Luft aufgelöst, die Türen können wieder geöffnet werden, die Straßenbahn setzt ihren Weg fort.

* * *

Und während ich durch das Fenster der Eléctrico nach draußen schaue, huscht bisweilen ein Maikäferchen, an der Hand der Mutter gezerrt, vorbei. Oder ein kleiner Pirat, der mich mit seinem Holzschwert bedroht. Am Museo do Chiado steigt eine Walküre mit langen blonden Zöpfen ein, die von Travestie träumt, weil sie eigentlich ein Mann ist. Doch außer diesen kurzen Momenten, die sich wie flüchtige Fata Morganen in den Alltag einweben, ist nicht viel von Karneval zu spüren in Lissabon.

Trotzdem bin ich auf dem Weg zum Feiern, denn es gibt etwas zu feiern: Teresa hat einen neuen Job gefunden und darauf wollen wir anstoßen. Teresa, die ich an Silvester über

Inês kennengelernt habe, gehört längst zu meinen engeren Lissaboner Bekanntschaften. Ursprünglich stammt sie aus dem Alentejo und ist Wissenschaftlerin, Forscherin im Bereich Neurologie – weswegen ich neuerdings weiß, was Zentralnervensystem, Hypothalamus und Synapse auf Portugiesisch heißt. Die letzten Male, die ich sie getroffen habe, hat sie mir bereits von dem aufwändigen Bewerbungsverfahren erzählt, das sie gerade durchläuft und von dem sie so inständig hofft, dass es sich lohnen wird. Es hat sich gelohnt, denn im kommenden Monat kann sie anfangen: bei einer neurologischen Fachzeitschrift, für die sie sowohl Artikel schreiben als auch redaktionell tätig sein wird. „Ich hab die Stelle!", hat sie am Telefon gerufen. „Ich hab die Stelle!" Und um zu verstehen, warum das von so großer Bedeutung ist, um zu verstehen, dass es hier nicht um einen Schritt auf der Karriereleiter, sondern um eine Existenz geht und dass diese Nachricht nicht nur einen Cocktail, sondern auch die Blumen verdient, die ich für Teresa gekauft habe, ist es Zeit, von der Krise zu sprechen. Von der Krise, die ich immer wieder auszublenden versuche, weil ich mich bisweilen wie ein Parasit fühle – ich, die ich den unfairen Vorteil habe, den schlechten wirtschaftlichen Zustand Portugals zwar hautnah zu erleben, aber, wohlbehütet in meinem Stipendiumskokon, nicht unmittelbar davon betroffen zu sein.

Doch die Krise lässt sich nicht ausblenden, sie begegnet mir überall. Jeden Abend werden die Fernsehnachrichten davon eröffnet, jeden Tag berichten die Zeitungen über die neuesten Statistiken. Die Werbebranche nutzt die Krise für zynische Kommentare: „Dinheiro é uma espécie rara", spottet eine Bank auf großen Plakaten, „Geld ist eine seltene Art." Restaurants bieten ein „Menu da crise" an, Plakate an den Litfaßsäulen machen auf Kongresse aufmerksam, die über den Umgang mit der Krise sprechen, der regierungsnahe Sender RTP 1 lanciert eine Serie, in der der Bürger lernen kann, wie man spart, und die Zeitung „Público" begleitet unter dem Titel „Um ano em crise" fünf Familien aus fünf verschiedenen Bereichen des Landes durch das Jahr.

Immer, wenn meine Gegenüber erfahren, dass ich aus Deutschland komme, kann ich beobachten, wie ein kurzes Zucken über die Gesichter läuft und die Leute sich innerlich mit den Worten „Sie kann ja nichts dafür" zu korrigieren scheinen – und dann weiß ich, dass ich als Nächstes gefragt werde, was ich von Angela Merkel halte. Die Wut auf Merkel und Sarkozy sowie das zugehörige Sparpaket ist groß. „Combate o governo da Troika" steht auf Plakaten geschrieben, die dazu aufrufen, gegen die harten Sparauflagen der Troika (dem Gespann aus EU-Kommission, Europäischer Zentralbank und IWF) zu demonstrieren. Viele Portugiesen fühlen sich in eine Reihe gestellt mit Dritte-Welt-Ländern, schämen sich, so weit unten zu sein. An den Wänden der Industriebaracken entlang des Tejo zeigt ein Graffiti Merkel und den ehemaligen Premierminister José Sócrates küssend, versehen mit dem zynischen Kommentar, dass dieser Kuss das Land in die Armut reiße. Und der Komiker Herman José parodiert Angela Merkel, die Portugal einen Besuch abstattet, um den portugiesischen Kindern ihre Zukunft zu zeigen: „Das wird euer Mittagessen sein, liebe Kinder: eine Sardine! Für drei!"

Teresas Sicht auf die Dinge ist differenzierter, wie sie mir nun, während wir im Restaurant sitzen und beim Kellner unser Essen bestellen, erklärt. Sie ist der Meinung, dass die Regierung sich den Zorn des Volkes auf die Troika zunutze macht, um von ihren eigenen Versäumnissen abzulenken. „Die haben so viel Mist gebaut, das geht auf keine Kuhhaut. Schon als Cavaco Silva Premierminister war, Mitte der Achtziger bis Mitte der Neunziger, sind die Weichen falsch gestellt worden." Er habe die Fördergelder der EU damals nicht gut angelegt, er sei mitverantwortlich für die schwere Rezession, in der sich das Land nun befindet. „Unsere Wirtschaft kommt nicht mehr hoch, weil unsere Unternehmer keine Kredite mehr bekommen." Jetzt bemühen sich die Politiker, ihr Volk zu animieren und bei Laune zu halten und die Auflagen der EU zu befolgen. Angesichts der Brisanz der Situation hält Teresa diese Maßnahmen aber für Kosmetik, für oberflächliche Zugeständnisse an die EU-Aufsicht: „Vier Ferientage haben sie gestrichen, im Gesundheits- und Bildungssektor kürzen sie sowieso andauernd, das 13. und 14. Monatsgehalt für die Staatsbediensteten steht auf der Kippe – und vor Kurzem haben sie zwanzig Prozent der staatlichen Elektrizität an China verkauft. Na und? Das sind doch Tropfen auf den heißen Stein! Kurzsichtiger Aktionismus!" Was eigentlich nötig sei, so Teresa, sei eine grundlegende Reform der Wirtschaftsstrukturen, um die Exportfähigkeit zu erhöhen und um auf diese Weise die Glaubwürdigkeit der portugiesischen Wirtschaft im Ausland wieder zurückzugewinnen.

Während in Griechenland der Krieg tobt, scheint in Portugal alles ruhig: Zwei Streiks und mehrere Demonstrationen habe ich bereits erlebt, aber ohne Straßenschlachten. „Wir sind ziemlich gut im Reden, und dann passiert doch nichts", schimpft Teresa und fährt sich durch die kurzen braunen Haare. Der Greve Geral, der Generalstreik, ist in ihren Augen ein Witz, weil so wenige daran teilnehmen, dass die Einschränkungen gar nicht spürbar werden: „Die meisten Mitarbeiter haben nur kurze Verträge und trauen sich deshalb nicht, zu protestieren. Also fahren eben auch während des Streiks noch ein paar Busse und Bahnen, sodass die ganze Aktion unglaubwürdig wird."

Wie das Alter, so ist auch die Armut untrennbarer Bestandteil von Lissabon. Viele Bettler säumen den Weg, wenn ich durch die Stadt gehe. Nachts liegen sie in den Nischen der Häuser, zum Schutz vor Kälte und Übergriffen zu Paketen verschnürt wie Tote. Am Bahnhof Santa Apolónia habe ich mehrfach beobachtet, wie Essen an die Obdachlosen verteilt wird. Abends um zwanzig Uhr kommt ein Wagen, auf den viele warten, um Lebensmittel und Decken in Empfang zu nehmen. Immer ist der Vorgang von einer großen Dringlichkeit. Da gibt es welche, die sich vor Hunger fast an der Suppe verschlucken, die im Pappbecher gereicht wird. Da gibt es andere, die sich um einen Joghurt streiten, wieder andere wollen großzügig teilen. Es finden sich unter den Bettelnden auch einige Menschen, die nicht so arm aussehen, die vielleicht in einer Grauzone auf dem letzten Schritt zur Armut leben und ihre Familie mit dieser Unterstützung durchzubringen hoffen.

Tatsächlich ist Armut in Lissabon nicht dasselbe wie Armut, denn sie trägt hier viele Schattierungen. Während ich Teresa zuhöre und mir ein paar Oliven aus dem Schälchen auf dem Tisch picke, denke ich an den alten Mann, den ich neulich im Bairro Alto gesehen habe und den ich aus der Ferne für einen wohlhabenden pensionierten Rechtsanwalt hielt, weil er im gepflegten Nadelstreifenanzug und mit Aktentasche über die Straße ging, als sei er auf dem Weg zu einem Klienten. Doch plötzlich begann er, den Mülleimer zu durchwühlen, und als ich näherkam, sah ich, dass sein Anzug mindestens dreißig Jahre alt und schon ganz fadenscheinig war. Alles wirkte, als habe er zwar die Fassade seines früheren Daseins mühsam aufrechterhalten können, lebe aber längst am Existenzminimum.

Ich denke an die ältere Dame, der ich öfters begegne und die jede Telefonzelle und jeden Fahrkartenautomaten

Lissabons nach ein paar vergessenen Cents absucht. An Victors Kumpel, der vierzig Jahre lang bei der Carris, den Öffentlichen Verkehrsbetrieben, gearbeitet hat und nun von 700 Euro Rente leben muss. An Marta und Jorge, die nicht arm sind, die sich aber genauestens organisieren: Einkäufe werden nur in den großen Supermärkten getätigt, die beiden wissen genau, wo sich was am billigsten besorgen lässt – und zu Hause werden die Quittungen detailliert abgeglichen und die Summen ins Haushaltsbuch eingetragen. Wir wohnen zu viert auf etwa 65 Quadratmeter – dass Marta und Jorge davon 7 Quadratmeter an mich vermieten, ist sicherlich nicht nur ihrem Interesse an Menschen zuzuschreiben, sondern auch der schlichten Tatsache, dass sie Geld brauchen. „Dinheiro é uma especie rara."

Am härtesten aber ist die Situation für die jungen Menschen. Felipe, Martas Sohn etwa, hat mit 21 Jahren weder einen Ausbildungsplatz noch eine Arbeit und hangelt sich von Gelegenheitsjob zu Gelegenheitsjob – mit den sogenannten „Recibos verdes", den grünen Formularen, hat der Staat die Bedingungen für die jungen Menschen noch erschwert, müssen sie sich doch bei den befristeten Verträgen sogar selbst versichern. Wenige Monate vor meiner Ankunft in Lissabon hatte die Musikband „Deolinda" auf einem Konzert einen Song vorgestellt, der wie eine Bombe einschlug: „Que parva que eu sou – Wie blöd ich doch bin." Teresa zückt ihr Handy und spielt ihn mir auf YouTube vor: „Sou da geração sem-remuneração ... Ich gehöre zu einer Generation ohne Gehälter / und das macht mir nicht mal etwas aus. / Wie blöd ich doch bin. / Denn es geht uns schlecht, und das wird erst mal so bleiben. / Es ist schon ein Glück, wenn ich ein Praktikum machen darf." Die jungen Menschen seien aufgestanden und hätten geschrien, als das Lied erstmals gespielt wurde, erzählt Teresa – es habe einfach absolut den Nerv getroffen. Der Song wurde zum Schlachtruf einer Generation, die keine Zukunft für sich sieht. „E fico a pensar / que mundo tão parvo / onde para ser escravo / é preciso estudar ... – Und ich frage mich, was das für eine bekloppte Welt ist, in der ich studieren muss, um ein Sklave zu sein." Viele Jugendliche emigrieren ins Ausland, weil sie in Portugal keine Chance mehr für sich sehen.

Auch Teresa, die nach dem Studium bereits fünf Jahre in England gelebt hat, hatte Angst, wieder wegzumüssen. „Ich will nicht mehr ins Ausland, verstehst du?", hatte sie mir vor einigen Wochen gesagt. „Hier ist mein Lebensumfeld, ich will nicht schon wieder von vorne anfangen." Und weil das nun nicht sein muss, weil sie in Lissabon bleiben kann – deshalb feiern wir heute Abend.

❊ ❊ ❊

Und wo feiert man in Lissabon? Natürlich im Bairro Alto. Das Bairro Alto ist das Vorzeigekind des modernen Lissabon, weil mit dem Bairro Alto wunderbar unter Beweis gestellt werden kann, dass diese so alte Stadt auch junge Seiten hat. Das Bairro Alto ist hip, das Bairro Alto ist frisch, das Bairro Alto ist beliebt. Hier brummen das Leben und die Party, hier gibt es eine quirlige Schwulenszene, die sonst in Lissabon nicht unbedingt ins Auge sticht, hier ist alles „fixe", das heißt cool, weshalb sich die Reise-Magazine gerne auf dieses Viertel stürzen, um die ultimativen Ausgeh-Tipps zu geben. Das Bairro Alto ist aber auch voller Hostels, voller Touristen und voller Zugereister, die hier ein bisschen wohnen und ein bisschen feiern wollen. Und die sich nächtelang von Bar zu Bar hangeln, um in den Menschentrauben vor den Kneipen unterzutauchen und so lange einen Caipirinha nach dem anderen zu trinken, bis die Straßen in den Morgenstunden von Limonenscheiben übersät sind.

Weil es so hip ist, geht mir das Bairro Alto bisweilen auch auf die Nerven. Deshalb bin ich ganz froh, dass wir heute Abend nur zum Essen dort bleiben und, um einen Cocktail zu trinken. Für danach hat Teresa eine bessere Idee: Wir setzen uns ins Auto und fahren am Tejo entlang stadtauswärts, Richtung Oriente, Richtung Fábrica do Braço de Prata, einer ehemaligen Waffenfabrik aus Zeiten der Diktatur, die nun zum Kulturzentrum umgebaut worden ist. Dort findet an diesem Wochenende ein Festival für Folklore-Tanz statt. „Folklore-Tanz?!", frage ich entsetzt – denn das hat Teresa mir vorher nicht verraten. Sieht so der Karneval in Lissabon aus? – „Nein", lacht Teresa, und aus ihren grün-braunen Augen mit den langen Wimpern blitzt der Schalk, „das hat nichts mit Karneval zu tun, ist aber gerade total in." – Folklore? In? „Desculpa, sorry, aber das kann ich nicht, hab ich noch nie gemacht. Sollen wir nicht lieber woandershin?" – „Nee, das ist super. Fixe! Und total einfach."

Die Fábrica erwartet uns hell erleuchtet, nur die Terrasse vor ihren Pforten schlummert im Dunkeln. Drinnen zeigen sich wunderbare große Räume, an den Wänden Ausstellungen verschiedener Künstler, daneben wird in kleinen Kämmerchen Kunsthandwerk hergestellt und verkauft. Linker Hand, im „Sala Walt Whitman", bietet eine große Buchhandlung philosophische Literatur an, rechter Hand, im „Sala Deleuze", wird am Tresen in weichem, orangefarbenem Licht Vinho tinto ausgeschenkt. Die ganze Fabrik ist voller Menschen, die nicht fünfzig aufwärts sind, wie ich es von Folklore erwartet habe, sondern zwischen zwanzig und vierzig. Alle sind gut gelaunt, alle ein bisschen alternativ. Und: Alle sind schon kräftig verschwitzt. Denn im ersten Stock, im „Sala Wittgenstein", wird getanzt. Zu den Klängen

einer kleinen Band, die mit Geige, Akkordeon und Dreh-
leier mittelalterlich anmutende Musik spielt. Ich will nur
ein bisschen schauen, aber schon stupst Teresa mich in den
Raum, und ich stehe im Kreis. „Du übernimmst die Schrit-
te des Mannes!", ruft Teresa mir noch zu – und dann setzt
bereits die Musik ein. Die Frau in der Mitte, die ein Mikro-
fon vor dem Mund hat, sagt uns, wo's langgeht. O Gott! Der
Kreis dreht sich nach rechts. Und ich drehe mich mit. Der
Kreis dreht sich nach links. Und ich drehe mich wieder mit.
Und dann alle in die Mitte. Und danach atrás, also zurück.
Und noch mal em frente, vorwärts, und wieder atrás. Em
frente, atrás. Em frente, atrás. Vor, zurück, vor, zurück. Und
jetzt paarweise, einmal aufeinander zu drehen und wieder
auseinanderdrehen, zum nächsten Partner weiterrücken –
„Trocamos de pares!", kurze Drehung und wieder weiter, drehen, kurze Konversation führen: „Ganz schön heiß hier!" –
„Sim, parece tropical." – Weiter zum Nächsten, drehen, und
jetzt das Ganze noch mal *mit* Lächeln – was für ein Spaß!
Das war also die Quadrille. Und nun kommt der Danca
grega, ein Sirtaki, Alexis Sorbas lässt grüßen, „muito giro",
der Schritt, sehr schön, aber ich krieg ihn einfach nicht hin.
Egal, weitermachen, irgendwie wieder einfädeln, ohne den
gesamten Kreis aus dem Gleichgewicht zu bringen, Lach-
krampf überwinden und: Ausfallschritt, zurück über Kreuz
und um passo à direita, mais um, e agora: um passo à esquerda! Aaaaah, wieso mache ich eigentlich immer alles spiegel-
verkehrt? Pausa! Pausa! Não consigo mais! Mehr schaffe ich
nicht. Aber ich komme nicht raus aus dem Gewühl, schon
gar nicht jetzt, wo die Mazurka beginnt. Also Schweiß von
der Stirn wischen, Augen zu und – weiter! Und danach
Augen zu und – weiter zum Schottisch. Meu Deus, ist das
ein Spaß! Alles dreht sich. Der Raum dreht sich. Die Welt
dreht sich. Mein Leben dreht sich. Ich bin in Lissabon und

tanze im Wohnzimmer von Ludwig Wittgenstein einen
Schottisch mit Alexis Sorbas – wenn das kein origineller
Karneval ist! „Fico maluca – ich werd verrückt!"

* * *

Wenn sich alles dreht, muss man sich setzen. Muss ge-
radeaus schauen, einen Punkt fixieren – so lange, bis der
Schwindel sich gelegt hat und die Welt wieder in die Fugen
geraten ist. Teresa und ich sitzen nun auch, lassen die vom
Tanzen erschöpften Füße baumeln: Auf einer schmutzigen
Dockmauer in Almada warten wir, den Blick gen Osten gerichtet, auf den Sonnenaufgang. Denn als wir vor einer Stunde, um fünf Uhr morgens, die Fábrica verlassen haben, war
uns nicht danach, schlafen zu gehen. Die Musik noch im
Ohr, die Bewegung noch im Körper, wollten wir sehen, wie
der Tag erwacht, wollten Lissabon beim Aufstehen über die
Schulter schauen – und nahmen kurzerhand die erste Fähre auf die andere Seite des Tejo.

Mit einem Pappbecher Kaffee in der Hand blicken wir
auf die Stadt, die wie ein müdes Krokodil im Halbschlaf
liegt, während um sie herum sich der Tejo schmiegt. Noch
ist es dunkel. Die Lichter der Straßenlampen blitzen wie
kleine Sterne, ganz rechts sticht die weiße Kuppel des Pan-
theons heraus, ganz links liegen die Wälder des Monsanto
geheimnisvoll im Schwarz. Punkt 6.30 Uhr gehen die La-
ternen auf einen Schlag aus, nur die Docks bleiben hell
erleuchtet. Der Himmel, der noch dicht von Wolken ist, beginnt sich zu lichten: In den Fernen des Horizonts, hinter
der Brücke Vasco da Gama, bricht sich ein warmes Orange
Bahn, immer heller und heller wird es, geht über in ein
Strahlen – bis sie sich zeigt, die Sonne. Erst nur schüchtern,
dann zunehmend forscher, und schließlich steht sie so

leuchtend am Himmel, dass auch die Stadt im warmen Pastell zu schimmern beginnt und die Möwen erwachen, um den Schiffen, die den Tejo kreuzen, hinterherzufliegen. „Weißt du, wie wir Portugiesen es nennen, wenn die Sonne aufgeht?", fragt mich Teresa: „Nascer do sol – die Geburt der Sonne." Ich begrüße die frisch geborene Sonne wie eine gute Freundin, denn hier in Lissabon habe ich mich so sehr an sie gewöhnt, als wäre sie ein Teil von mir. Wenn sie da ist, wärmt sie, macht den Körper weich und öffnet die Seele. Und die wenigen Tage, an denen sie nicht da ist, vermisse ich sie.

Das Sonnenlicht in Lissabon ist besonders, vor allem im Winter scheint es mir fast so außergewöhnlich wie das skandinavische Nordlicht. Es ist klar und dennoch warm, streichelt die weißen Hauswände und lässt sich von ihnen reflektieren, um sich kurz darauf auf den Fluss zu legen und sich auch von ihm widerspiegeln zu lassen. Das Sonnenlicht hier ist so besonders, weil es den Tejo gibt und beide, das Licht und der Fluss, im ständigen Dialog miteinander stehen. Dabei besitzt der Tejo keine Poesie. Aus der Nähe ist er so dreckig und prosaisch wie ein alter Wischlappen, an seinen Rändern bevölkert von schwarzen, aalartigen Fischen, die einzig und allein davon leben, die Kloake zu fressen, die ihnen das Wasser freizügig darbietet. Nie habe ich die Begeisterung verstehen können, mit der sich Touristen an die Docks setzen, um dort zu dinieren und die Nächte durchzufeiern. Nie hatte ich das Bedürfnis, einen längeren Spaziergang am Tejo zu machen, so schmuck- und lieblos ist das Ufer, ganz ohne Bäume, einfach nur funktional betoniert.

Und doch liebe ich den Tejo. Immer dann, wenn ich um die Ecke biege und am Ende der Straßenflucht einen Zipfel Wasser hervorlugen sehe. Immer dann, wenn ich am Aus-

sichtspunkt stehe und der Fluss so blau und so breit da-
liegt, als wolle er mir vorgaukeln, ein Meer zu sein. Und vor
allen Dingen liebe ich den Tejo, weil er dazu beiträgt, Lissabon zu verzaubern, indem er tagsüber die Sonne intensi-
viert und nachts den Lichtern der Stadt als Spiegel dient.
Ich kann mich nicht entscheiden, wann ich das Licht in
Lissabon am schönsten finde. Vielleicht jetzt, frühmorgens,
wenn es noch ganz zart ist. Vielleicht aber auch dann, wenn
es dunkel zu werden beginnt, die langsam verlöschende
Sonne sich mit den Straßenlampen mischt und die ganze
Stadt in einen Hauch von warmem Orange eintaucht.

Eines aber weiß ich genau, als Teresa mich nun, während unsere Augen auf der Stadt ruhen, die sich gähnend
in der Sonne räkelt, fragt: „Wenn du nur ein Wort hättest,
um Lissabon zu beschreiben, welches wäre es?" Obwohl ich
so viele Worte für Lissabon habe, weil diese Stadt so viele
Seiten hat, kommt dieses eine in eben diesem Moment ganz
schnell aus meinem Mund: „Luz." Licht.

Março

ANFANG MÄRZ IST ES BEREITS SO HEISS, dass ich mich frage, wie ich den Sommer überleben soll. Die Thermometer zeigen 25 Grad Celsius, es hat seit acht Wochen nicht geregnet, die Bauern machen sich Sorgen um die Ernte. Obwohl sich für mich alles nach Sommer anfühlt, ist es das, was sich in Lissabon Frühling, „a primavera", nennt. Die Kastanienverkäufer auf dem Rossio sind Erdbeerverkäufern gewichen, die Orangen an den Zierbäumen auf der Rua do Sapadores verschrumpeln, und stattdessen beginnt es allerorten zu blühen: strahlend weiß die Mandeln, leuchtend rot die Bougainvilleen, violett der Flieder.

Ich betrachte die Ulmen in unserem Palastgarten, an deren Ästen ein zartes Grün hervorzulugen beginnt, und bekomme Lust auf Natur. Tiago, der seit unserem Besuch beim Cabeleileiro wieder Drei-Tage-Bart trägt, fällt ein, dass er schon als Kind Bauer werden und auf dem Land leben wollte – und so schlägt er vor, ob wir uns nicht um den Garten kümmern sollen, der müde vor sich hin verwildert. Der Chef ist einverstanden, die Vorbereitungen für die kommende Ausstellung sind größtenteils abgeschlossen, es gibt Zeit, jeden Tag zwei Stunden das Unkraut auszurupfen und das Laub, das noch vom Herbst auf dem Rasen liegt, zusammenzurechen. Also streifen wir die Arbeitshandschuhe über, Tiago streckt mir seine Arme entgegen und prahlt stolz: „Schau mal, ich hab zwei linke Hände!"

Mit seinen 24 Jahren – und noch ehe er mit seinem Malereistudium fertig ist – scheint mir eines der auffallendsten Charaktermerkmale Tiagos zu sein, dass er sich permanent in einer Krise befindet. „Estou em crise" waren seine ersten Worte, ehe er mir seine Mappe gezeigt hat – und die Mappe war sehr beeindruckend. Wenn Tiago nicht gerade in der Vollkrise rührt, dann zweifelt er zumindest: Während er im Palast ist, um sein Praktikum zu machen, fragt er sich, ob es nicht besser wäre, sich um sein Studium zu kümmern. Und während er in der Vorlesung sitzt, grübelt er, ob es nicht sinnvoller wäre, etwas Handfestes zu tun. Es gibt Menschen, die der Meinung sind, diese Anfälligkeit für Zweifel sei typisch portugiesisch. Die Spanier beispielsweise, mit denen ich hier in Lissabon gesprochen habe und die zugegebenermaßen ein anderes Temperament besitzen, halten die Portugiesen für Pessimisten und Melancholiker – ein Vorurteil, das sich hartnäckig hält. Wohingegen ich mich darüber wundere, dass noch niemandem aufgefallen ist, was für einen verdammt guten Humor die Portugiesen haben. Fast alle, die ich kenne. Und ganz besonders Tiago.

Aber ich will mich nicht mit Klischees über Portugiesen und andere Nationen aufhalten, denn nun, da Tiago mir seine beiden linken Hände gezeigt hat, fangen wir an, dem Unkraut den Garaus zu machen. Mit Hacken, die wir irgendwo in einer Ecke gefunden haben und die aus dem 18. Jahrhundert zu stammen scheinen. Wir haben viel Vergnügen bei der Arbeit: Als wir ein Stück Stoff aus der Erde ausgraben, frotzeln wir, ob dazu vielleicht eine Leiche gehört, die Leiche des Marques de Pombal. Und als wir nach zwei Stunden nur drei Meter vorangekommen sind, spotten wir, dass dort, wo wir vor zwei Stunden angefangen haben, das Gras schon wieder nachgewachsen zu sein scheint.

Am nächsten Tag kommt Tiago nicht – obwohl er sich mit „Até amanhã", bis morgen, verabschiedet hat. Ich mache mir keine Gedanken, arbeite alleine weiter und genieße den Frieden dieses Gartens, die Musik, die von der Ballettschule herüberschallt, und die frische Luft. Am übernächsten Tag kommt Tiago auch nicht. Ich arbeite alleine weiter und stelle fest, dass es da Pflanzen in diesem Garten gibt, deren Wurzeln sich unendlich lange und unendlich mühsam in den Boden gebissen haben. Am überübernächsten Tag kommt Tiago auch nicht, und ich fühle mich ein bisschen müde von diesen Pflanzen mit den unendlich langen Wurzeln, während die Kollegen spötteln, dass Tiago vor dem Garten flieht. Am überüberübernächsten Tag kommt Tiago auch nicht, und die Wut, die ich inzwischen auf die Pflanzen mit den langen Wurzeln habe, wächst in Richtung Tiago weiter. Also schreibe ich Tiago eine Mail, wo er denn stecke, ob alles in Ordnung sei, und wenn ja, warum ich die Gartenarbeit nun eigentlich alleine machen müsse. Eine Flut an Entschuldigungen folgt, sodass ich mich fast dafür schäme, nachgefragt zu haben. Ich bin sicher, dass Tiago in der nächsten Woche kommen wird, und freue mich auf seine Hilfe.

Doch auch in der nächsten Woche kommt Tiago nicht. Während ich den Pflanzen mit den unendlich langen Wurzeln an den Kragen gehe, halte ich innerlich einen Vortrag über Kollegialität und Zuverlässigkeit – auf Portugiesisch. Ich halte einen weiteren Vortrag darüber, dass in der deutschen Sprache sowohl Menschen als auch Großmutters goldene Armbanduhr versetzt werden könnten – und ob das denn nun das Niveau sei, auf dem sich unsere Freundschaft bewege. Mir fallen alle schlechten Vorurteile ein, die ich je über die Portugiesen gehört und denen ich mich immer standhaft verweigert habe. Mir fällt ein, wie ich mich mit Holger, einem deutschen Kneipenbesitzer, der seit fünfzehn Jahren in Lissabon lebt, unterhalten und mich gegen seine Behauptung, die Portugiesen seien faul und unzuverlässig, gewehrt hatte. Mir fällt ein, wie mir Milan, ein serbischer

Choreograf, vorjammerte, dass er hier in Lissabon keine Projekte machen könne, weil die portugiesischen Tänzer undiszipliniert seien. Mir fällt ein, wie Tiago mir vor einigen Monaten, als ich letzte Hand an eine Arbeit anlegte und die anderen schon fertig und mit Plaudern beschäftigt waren, zurief: „Hey, woran erkennst du, dass du in Portugal bist? Genau! Einer arbeitet, und die anderen schauen zu!" Mir fällt ein, dass ich mich damals schlappgelacht hatte und den ironischen Umgang der Portugiesen mit sich selbst unglaublich charmant fand. Und dass ich zurückrufen wollte: „Haha, und der Depp, der arbeitet, ist natürlich ein Deutscher!" – mein Portugiesisch aber noch nicht gut genug für eine schlagfertige Replik war. Jetzt aber setzt sich diese Phrase in meinem Kopf fest: Der Depp, der arbeitet, ist natürlich ein Deutscher! Und mit jeder Wurzel, die ich aus der Erde zu zerren versuche, wird der Satz lauter und mein Kopf röter, nicht nur von der Sonne.

An diesem Nachmittag trifft eine Mail von Tiago ein. Es tue ihm wahnsinnig leid, aber er könne diese Woche wieder nicht kommen. Ich solle aber auf keinen Fall alleine weitermachen, sondern warten, bis er zurück sei und mir helfe. Und: Ich solle ihn doch deshalb bitte, bitte, bitte nicht umbringen. Erst schlucke ich. Dann muss ich lachen. Ich sehe mich vor meinem inneren Auge, wie ich mit hochrotem Kopf im Garten stehe und mit der Harke verbissen auf das Unkraut einhaue. Ich sehe, wie die Pflanzen sich vor Schreck in der Erde verstecken. Und ich frage mich nicht mehr, warum der Depp, der arbeitet, ein Deutscher ist, sondern, warum ich Depp so wahnsinnig deutsch bin. Warum ich eigentlich immer denke, dass man jedes Projekt gleich durchpeitschen muss. Warum ich immer gleich Resultate sehen will. Warum ich den Garten nicht einfach so habe lassen können, wie er war, herrlich verwildert und paradiesisch verwunschen. Warum ich die „Não corra"-Lektion immer noch nicht kapiert, die Langsamkeit immer noch nicht verinnerlicht habe. Ich klicke auf „Antworten" und schreibe Tiago zurück, dass ich mir ernsthafte Sorgen um sein deutsches Gen und seine Pünktlichkeit mache, mit der er mich anfangs so beeindruckt habe. Nur ausnahmsweise würde ich ihn nicht umbringen, zur Strafe aber müsse er drei richtig gute Witze erfinden – über die Unzuverlässigkeit der Portugiesen. Und nachdem ich die Mail abgeschickt habe, sage ich meinem Chef, dass ich einen Galão trinken gehe.

Als Tiago in der darauffolgenden Woche kommt, machen wir gemeinsam vielen Pflanzen den Garaus, lassen aber auch ein paar stehen und finden, als wir drei Tage später fertig sind, dass der Garten richtig schön geworden ist. Ein kleines bisschen ... ein kleines bisschen ... deutsch vielleicht, aber deutsch in einem durchaus positiven Sinne. Deutsch in dem Sinne, dass man hier jetzt zum Beispiel einen Biergarten eröffnen könnte. Was wir natürlich nicht tun werden, denn wir wollen unseren Hortus conclusus für uns behalten. Aber wir verbringen wenigstens die Mittagspause dort, tragen Sitzkissen und ein Verlängerungskabel für die Sandwich-Maschine hinaus in die Sonne, machen Tostas Mistas und essen frische Erdbeeren dazu. Und während wir zufrieden unser Werk betrachten, unterhalten wir uns darüber, wie dicht die Blätter der beiden Ulmen geworden sind und wie schön es wäre, in der Fontäne ein bisschen Wasser zu haben. Und dass der Boden nun so frisch und blank aussieht, dass das Unkraut bestimmt wunderbar wieder nachwachsen wird. Grüner und schöner denn je.

* * *

Es ist nicht ganz richtig, dass ich die „Não corra"-Lektion nicht gelernt habe, ich war ein bisschen zu streng mit mir selbst. Ich glaube, ich habe mich tatsächlich verändert. Aber wie das so ist mit Veränderungen – sie fallen zuerst den anderen auf. Wenn ich mit meinen Freunden in Deutschland telefoniere, sagen sie mir, ich klänge so entspannt, und die, mit denen ich per Skype kommuniziere, meinen, dass ich so glücklich und irgendwie – ja irgendwie relaxed aussehe. Vielleicht ist das übertrieben und liegt einfach nur am Frühling, aber es gibt tatsächlich Indizien dafür, dass ich mich in der „verkehrsberuhigten Zone Lissabon" besser zurechtfinde:

• Ich habe es schon zwei Mal geschafft, zu spät zu kommen – es war ein hartes Stück Arbeit, ich habe Monate dafür gebraucht, denn auch wenn ich später aus dem Haus und unzählige Umwege gegangen bin, stand ich wie durch Zauberhand trotzdem immer pünktlich zur richtigen Zeit am richtigen Ort.

• Es macht mich nicht mehr nervös, wenn meine Kollegen erst einmal eine halbe Stunde lang alle Möglichkeiten durchdiskutieren, bevor sie mit einer Arbeit anfangen. Weil ich weiß, dass schon alles seine Richtigkeit hat und wir trotzdem irgendwann fertig werden.

• Ich kriege kein Magengeschwür mehr, wenn die Schlange an der Supermarktkasse immer länger wird, denn ich habe begriffen, dass es keinen besseren Ort für nette Plaudereien gibt als die Warteschleife im Laden.

• Nicht nur ich habe mich verändert – auch mein Portugiesisch hat einen Sprung getan. Ich bin nicht mehr unentwegt „lost in translation", muss nicht mehr permanent alle Synapsen auf Sendung haben, um mich in der fremden Sprache artikulieren zu können. Bisweilen purzeln die Worte ganz von alleine aus meinem Mund und fügen sich dabei, mit etwas Glück, auch in die ordnungsgemäße Syntax. Ja, nicht selten kann ich sogar ein Kompliment melken – meist dann, wenn meine portugiesischen Gegenüber von meiner guten Aussprache geblendet sind, mit der ich darüber hinwegzutäuschen pflege, wie sehr es mir an Grammatik mangelt. Fraglos schmeichelt mir das Lob – und doch, das gebe ich zu, genügt es mir nicht. Denn insgeheim träume ich von Wundern. Ich male mir aus, dass es so biblisch wie Pfingsten sein wird, wenn eines Tages, vielleicht schon morgen, Feuerzeichen auf mich herabregnen werden und ich plötzlich – von einer Sekunde auf die andere – alle „schs" der portugiesischen Lingua problemlos verstehen und reproduzieren kann. Wenn ich endlich – erleuchtet von einem magischen inneren Dolmetscher – das Dicionário, das Grammatikbuch und sogar die Liste mit den unregelmäßigen Verben im Tejo versenken kann.

In den Augen der anderen, der Fremden in Lissabon, hat dieses Wunder bereits stattgefunden, denn sie haben meine Beförderung zur Einheimischen längst vorgenommen. „Do you speak English?", will der Afrikaner im Jardim da Estrela, der gerade noch mit ausgreifenden Gesten telefoniert hat, von mir wissen. „Ja? Gott sei Dank! Eine Portugiesin, die Englisch spricht!" – „Ich bin keine Portugiesin." – „Ach, deshalb! Ich hab mich schon gewundert. Die Portugiesen können nämlich kein Englisch." – „Das stimmt nicht. Ich kenne sehr viele, die es sehr gut beherrschen." – „Nein, sie können es nicht. Anyway. Kannst du mir helfen? Wie heißt es auf Portugiesisch, wenn ich jemanden fragen will, ob wir uns im Café ‚Martim Moniz' treffen können?" – „Podemo-nos encontrar no Café ‚Martim Moniz?'" Er wählt eine Nummer auf seinem Handy und spricht hinein. „Sch tra Café ‚Martim Moniz?'" Am anderen Ende offensichtlich Unverständnis, er wiederholt noch einmal. „Sch tra Café

‚Martim Moniz?'" Was für eine schlechte Lehrerin ich doch bin, denke ich beschämt, ich hätte die Aussprache mit ihm trainieren sollen, ehe ich ihn in den kommunikativen Nahkampf entließ, aus eigener Erfahrung weiß ich schließlich – doch da drückt er mir plötzlich das Handy in die Hand: „Sag du es bitte!" Ich zögere, dann spreche ich in das unbekannte Schweigen am anderen Ende: „Desculpa, o Senhor quere saber, se pode vir ao Café ‚Martim Moniz'." – „Ich habe ihm doch schon drei Mal gesagt, dass ich nicht will", schimpft eine Frauenstimme am anderen Ende und legt auf. Jetzt sitze ich in der Tinte. Fragender Blick vom Herrn Afrikaner, erwartungsvoller Blick vom Herrn Afrikaner. Hat nicht jede Übersetzung einen Interpretationsspielraum? Weil sich die Charakteristika der einen nicht so einfach in die Charakteristika der anderen Sprache übertragen lassen? Und insbesondere das Portugiesische doch viel uneindeutiger als das Englische ist? „So what?", fragt der Herr Afrikaner. So what! „Sorry, aber sie hat gesagt, dass sie keine Zeit hat."

Es passiert mir immer öfter, dass ich von Touristen, die jetzt, im Frühling, die Stadt noch zahlreicher bevölkern als im Winter, um Rat konsultiert werde, und ich genieße es hemmungslos, vor den Ausländern die Einheimische zu mimen. Eine orientierungslose italienische Familie fragt mich nach dem Weg – ich gebe fachkundig auf Portugiesisch samt Handzeichen Auskunft: „Vira à direita, depois vira à esquerda, e já está! – Gehen Sie nach rechts, dann nach links, und schon sind Sie da!" Ein strahlendes Dankeschön vonseiten der Italiener. Wie nett die Portugiesen doch sind, werden sie später den Freunden in Modena berichten. Den Japanern, die sich von mir fotografieren lassen, wünsche ich noch einen angenehmen Aufenthalt in Lissabon – selbstverständlich auf Portugiesisch, weil es dann einfach authentischer ist. Fehlt nur, dass ein paar Deutsche mich knipsen, um mich beim heimischen Dia-Vortrag als „typische Lisboeta auf dem Weg zur Arbeit" zu präsentieren. Aber das krieg ich bestimmt noch hin.

Doch wie sieht eine typische Lisboeta eigentlich aus? – frage ich mich, während ich in der U-Bahn Richtung Chiado sitze und den Blick unter den Passagieren umherstreifen lasse. Davon abgesehen, dass sie, dank der vielen Cabeleileiros in dieser Stadt, zu jeder Tages- und Nachtzeit, auch nach dem wildesten Diskothekenbesuch, immer wie aus dem Ei gepellt frisiert ist, ist es schwierig, eine Antwort zu geben. Nicht nur, weil *die* typische Portugiesin natürlich nicht existiert, sondern auch, weil sich die weibliche Mode in Lissabon möglichst unauffällig verhält: Die ältere Dame neben mir trägt Feinstrick und Rock in gedecktem Braun, die jüngere Dame gegenüber Feinstrick und Jeans in gedecktem Blau. Punkt. Ende. Wesentlich Spektakuläreres ließe sich auch außerhalb der U-Bahn nicht beobachten. Bisweilen findet sich Eleganz in dieser Stadt, nie aber ist sie mondän, eher ein bisschen altmodisch – Dezenz ist nicht nur im Verhalten, sondern auch in der Kleidung gefragt. Eine Lisboeta versucht, so schlicht wie möglich und vor allen Dingen: nicht mit Sex-Appeal um die Ecke zu kommen. Was nicht heißt, dass er nicht vorhanden ist, der Sex-Appeal. Aber er wird nicht getragen, schon gar nicht zur Schau.

Und was ist mit dem portugiesischen Mann? Der portugiesische Mann liebt Cordhosen zu jeder Jahres- und Lebenszeit, Breitcord wohlgemerkt. Er trägt Jackett oder Wildlederjacke, im Winter aber auch gerne mal einen Dufflecoat, was ihm etwas Niedlich-Kindliches verleiht. Unter dem Jackett findet sich ein kariertes Hemd mit einem einfarbigen V-Ausschnitt-Pulli darüber oder, umgekehrt, unter dem karierten V-Ausschnitt-Pulli lugt ein einfarbiges Hemd hervor. Im Gegensatz zur weiblichen Spezies besitzt er allerdings ein äußeres Kennzeichen, das so prägnant ist, dass es sich tatsächlich zum Stilmerkmal erheben lässt: Ohne Schiebermütze, so scheint mir, kann der Portugiese ab fünfzig Jahren aufwärts nicht leben.

Ja, ich weiß, es gibt Modemacher in Lissabon, und im Bairro Alto lässt sich auch der ein oder andere hippe Designerladen finden. Ja, ich weiß, Gucci und Versace haben ihre Läden auf der Avenida da Liberdade. Ja, ich weiß, Lanidor ist eine portugiesische Kleiderfirma. Aber es lässt sich trotzdem nicht leugnen, dass Lissabon nur bedingt dafür geeignet ist, sich stilistisch zu erneuern, weil Mode im Alltag einfach keine bedeutende Rolle spielt. Hier ist nicht Mailand, hier ist nicht Paris, hier ist nicht London. Und davon abgesehen, ist auch die Qualität fragwürdig. Wer neue Klamotten kaufen will, kann zu den üblichen Verdächtigen, den internationalen Ketten, gehen – oder zu den unzähligen Billigläden mit Made-in-China-Ware ab fünf Euro aufwärts. Sogar bei den Schuhen verhält sich das nicht anders, schlechte Qualität zu mittleren Preisen brüllt aus fast jedem Schaufenster heraus – die Zeiten, in denen man sich den guten Lederschuh aus dem Portugal-Urlaub mitgebracht hat, sind vorbei. Denn auch auf diesem Sektor produziert Asien längst billiger, und die portugiesischen Hersteller sind rar geworden. Dabei ist gutes Schuhwerk doch nirgends so sehr vonnöten wie auf dem Kopfsteinpflaster Lissabons, denke ich, während ich die U-Bahn im Chiado per Rolltreppe verlasse und in die Rua António Maria Cardoso einbiege.

✳ ✳ ✳

Der ältere Herr neben mir trägt jedenfalls einen sehr guten Schuh. Aus dunkelbraunem Leder, fein geflochten. Überhaupt – alle haben sich ein bisschen herausgeputzt heute Abend, hier im Teatro de São Luis. Eigentlich bin ich gekommen, um mir eine Hommage für José Luis Gordo, einen der wichtigsten und produktivsten noch lebenden Dichter des Fado, anzuschauen. Doch noch ehe die Vorstellung begonnen hat, hat der Mann mit den feinen Lederschuhen mich bereits fest ins Gespräch verwickelt. Wie wunderschön das Teatro de São Luis doch sei, und wie viel Geschichte sich hier abgespielt habe. Ob ich denn den Spruch von Camões schon wahrgenommen habe, der über der Bühne zu lesen sei? Ach, aus Deutschland? Ja, nichts für ungut, aber ich wisse ja bestimmt, dass die Portugiesen Angela Merkel nicht leiden können. Die sei wirklich furchtbar, gegen die Deutschen als solche habe er ja nichts, er sei sogar vor vielen Jahren schon mal im Schwarzwald gewesen, sehr kalt dort, guter Schinken, köstlich, aber die Merkel, nun ja. Sarkozy sei nicht weniger schlimm und die beiden im Doppelpack samt Sparpaket, Glückwunsch! Doch jetzt beginnt das Konzert, ja, da ist er, der José Luis Gordo, ein fantastischer Mann, und hier eine junge Fadista, großartige Stimme, die habe ganz bestimmt eine Zukunft, übrigens „puto" bedeutet im Portugiesischen so viel wie Lausbub, nicht, dass ich auf die Idee komme, das mit „puta", Hure, zu verwechseln, und Maria da Fé, die Ehefrau von Gordo, besitzt ein Café nahe der Janelas Verdas, ja, da könne man sie auch live singen hören, abends so ab 22 Uhr. Und nun muss O Senhor Silva, wie er sich mir inzwischen vorgestellt hat, vor Begeisterung aufspringen und Bravo rufen. Denn diese Stimme sei einfach ein Ereignis. Wenn ich mich für Fado interessiere, könne ich übrigens den ganzen Tag den Radiosender „Amália" hören, da werde ausschließlich Fado gespielt, Frequenz 92,0 – oder war es 93,0? Tja, das Gedächtnis, eigentlich funktioniere es noch ganz gut, aber Zahlen könne er sich einfach nicht mehr merken. Und ob ich denn hier im São Luis auch schon mal Schauspiel gesehen habe? Das Angebot sei – oh, dieses Lied ist eines seiner Lieblingslieder, ein Text von Gordo, der von verschiedenen Komponisten vertont worden sei. Wie schade, seufzt O Senhor Silva nun mit einem Blick auf den Programmzettel, der nächste Beitrag ist ja schon der letzte – Anlass genug, um noch einmal aufzuspringen und kräftig zu applaudieren.

Mindestens einmal pro Woche gehe ich in die Oper, ins Theater oder in die Cinemateca – nicht nur, weil mich alles interessiert, was es zu sehen gibt, sondern auch, weil ich es so genieße, eine Vorstellung mit den Portugiesen zu teilen. Weil ich so gerne zwischen ihnen sitze, gemeinsam mit ihnen nach vorne schaue und Teil des Publikums bin. Eines Publikums, das intensiv Anteil nimmt, gebannt schaut, immer dicht am Geschehen dran ist und zwischendurch auch gerne kichert. Eines Publikums, das sich vor der Vorstellung gegenseitig „um bom espectáculo" wünscht und sich in der Pause darüber verständigt, dass die Aufführung einfach „fantástico" sei. Um am Ende allerdings – und das erstaunt mich immer wieder aufs Neue – überraschend kurz zu applaudieren. Leidenschaftlich, laut und vernehmlich zwar, oft schon nach wenigen Sekunden in stehenden Ovationen – doch selten schaffen die Künstler mehr als einen Vorhang.

Ich mag sowohl die kleinen Theater in Lissabon, die unprätentiösen, funktionalen Black Boxes wie etwa das Teatro do Bairro, als auch die großen, altehrwürdigen: das Teatro Nacional D. Maria II oder eben das São Luis, in dem ich mich gerade befinde. Und ich mag es, dass die Theaterszene hier so familiär ist – schon nach kurzer Zeit kenne ich fast alle Künstler namentlich: Bei der Premiere der Theatergruppe Artistos Unidos sitzt im Publikum auch der Schauspieler, den ich neulich als Hauptdarsteller in dem Film „Alice" gesehen habe. Und wenn ich am nächsten Tag ins Kino gehe, um mir „Assím, assím" anzuschauen, spielt der Darsteller mit, der bei der gestrigen Premiere den Monolog auf der Bühne gegeben hat. Auch in dieser Hinsicht ist Lissabon ein Dorf.

Doch jetzt schaltet sich O Senhor Silva wieder ein, denn vielleicht sollten wir nun, wo der Abend noch jung ist, ein Bier trinken gehen, seine Frau habe partout nicht mit ins Konzert kommen wollen, sie habe neuerdings das Internet für sich entdeckt und skype nächtelang mit irgendwelchen Freunden im Ausland, aber was das denn bitteschön für Freunde seien, die nur in diesem anonymen Kasten existierten?

O Senhor Silva hingegen liebt den direkten Austausch – oder sagen wir besser, die direkte Äußerung, denn die wenigen Male, in denen er Luft holen muss und ich mich wagemutig in die Bresche werfe, um auch mal ein Sätzchen loszuwerden, lassen sich an einer Hand abzählen. „Ele fala pelos cotovelos" heißt es im Portugiesischen, wenn jemand wie ein Wasserfall redet, „er spricht durch die Ellenbogen", und ich beginne zu ahnen, dass diese Redewendung einzig und allein für O Senhor Silva erfunden worden ist.

Eigentlich wollte er Architekt werden, doch dann wurde seine Frau schwanger und er in den Kolonialkrieg nach Mosambik eingezogen – das Studium habe er damit an den Nagel hängen müssen, nur zum Technischen Zeichner hat es gereicht. Aber er habe die Chance gehabt, mit vielen wichtigen Architekten zu arbeiten. Und offensichtlich hatte er nebenbei auch Zeit, sich mit Portugal zu beschäftigen. Denn während wir im Café „A Brasileira" sitzen und ein

Cerveija trinken, erfahre ich die gesamte Geschichte Portugals, verfolge den Stammbaum sämtlicher Könige hinauf
und hinunter und erhalte Empfehlungen, was ich mir alles
anzuschauen habe. Nicht nur in Lissabon, auch über die
Grenzen der Stadt hinaus. Wenn ich nach Mafra fahre, um
den Nationalpalast zu besichtigen, dann müsse ich dringend auch José Saramagos Buch über den Bau des Palastes
lesen, am besten natürlich auf Portugiesisch, denn sein Stil
sei eigentlich unübersetzbar, Évora ist einfach hinreißend,
überhaupt der gesamte Alentejo, ob ich denn schon in Sin-
tra gewesen sei, ebenfalls sehr schön, eine völlig andere
Welt, vielleicht ein bisschen zu sehr Disneyland für manchen Geschmack, sehr zu empfehlen für einen Tagesaus-
flug sei aber auch Ericeira, wunderhübsch, da könne er mir
übrigens die Galerie eines Freundes ans Herz legen, ganz
nahe des Touristenbüros, also eigentlich genau ... hier.

Mit der präzisen Schrift des Technischen Zeichners entsteht auf der Rückseite des Konzert-Programmzettels eine
Landkarte mit schwarzen Punkten und Empfehlungen aller Art, sehenswerte Orte im Norden, sehenswerte Orte im
Süden, und drumherum werden Buchtitel, Adressen, Da-
ten portugiesischer Geschichte und Namen portugiesischer
Könige platziert und ... und da es nun schon spät ist und ich
eigentlich vor Müdigkeit umfalle, bietet mir O Senhor Silva
an, mich nach Hause zu bringen. Wobei er mir verheim-
licht, dass sein Auto quasi am anderen Ende der Stadt ge-
parkt ist, sodass sich ganz beiläufig noch die Gelegenheit
für eine kleine nächtliche Stadtführung bietet. Ob ich das
Haus mit den schönsten Azulejos Lissabons schon gesehen
habe? Nein? Ein Muss – und es liegt fast auf dem Weg, nur
einen kleinen Schlenker müssen wir gehen. Hier befindet
sich übrigens einer der wichtigsten Orte der Nelkenrevolution am 25. April 1974, was für eine schlimme Zeit das doch

gewesen ist unter Salazar, eine fürchterliche, er sei Mitglied in der „Associação 25. de Abril", denn es sei wichtig, die Erinnerung an die Revolution immer wachzuhalten. Schrecklich auch, wie teuer die Geschäfte hier sind, unglaublich, der Mont-Blanc-Laden, meine Güte, 3500 Euro für einen einzigen Füller, da lobe er sich doch Gänsekiel und Tintenfass. Überhaupt, wie kostspielig das Leben geworden ist. Er habe die Miete in Lissabon irgendwann auch nicht mehr bezahlen können und sei vor einigen Jahren in einen Vorort gezogen, nach Louros, ja, das sei schwer gewesen für einen Alfacinha wie ihn, noch dazu, nachdem er seit seiner Kindheit im selben Haus gewohnt habe. Seine Frau leide ebenfalls darunter – und sogar seine Tochter, die doch schon längst ihre eigene Familie habe und nicht mehr bei ihnen wohne, vermisse bisweilen ihr früheres Zuhause. Aber was soll man machen?

Zwei Stunden später – und circa vier Stunden nach Ende des Konzerts – setzt O Senhor Silva mich in seinem Volkswagen – ja, „exactamente, um carro alemão!", das sei doch wohl ein eindeutiger Beweis dafür, dass er nichts gegen die Deutschen habe – punktgenau vor der Haustür ab, sehr besorgt darum, dass ich auch die letzten Meter bis zu meinem Domizil wohlbehalten zurücklege. Und während ich die Haustür aufschließe, halte ich plötzlich inne und es fällt mir wie Schuppen von den Ohren: Pfingsten! Pfingsten hat stattgefunden! O Senhor Silva hat mir mein lang ersehntes Wunder beschert! Vier Stunden lang hat er ununterbrochen Portugiesisch geredet – und ich konnte alles verstehen!

In dieser Nacht geschieht etwas Besonderes: Ich träume zum ersten Mal auf Portugiesisch.

Abril

IN MEINEN TRAUM, DER VON PORTUGAL GETRAGEN WIRD, DRINGT LÄRM – mitten in der Nacht wache ich auf. Das ist nichts Besonderes, das passiert mir hier öfters. Entweder, weil Bob Marley mich weckt. Oder, weil in meinem ruhigen, kleinen Sträßchen in Graça jede Nacht um halb zwei der Müllwagen kommt. Daran habe ich mich längst gewöhnt, ich drehe mich auf die andere Seite und schlafe weiter. Dieses Mal aber ist es anders, es ist nicht das Geräusch des Müllwagens, sondern Geschrei, das von der Straße zu mir nach oben schallt. Betrunkene streiten sich, denke ich im Halbschlaf. Doch der Lärm hört nicht auf und mischt sich irgendwann mit Sirengeheul. Ich wanke ans Fenster und bin schlagartig wach: Im Haus gegenüber brennt es. Dichte Rauchwolken dringen aus den Fenstern der dritten Etage, im Stockwerk darüber rennt eine Frau panisch schreiend den Balkon auf und ab.

Die Feuerwehr ist bereits gerufen, mehrere Löschzüge versuchen, an das Haus zu gelangen – doch da die enge Straße wie immer komplett zugeparkt ist, ist zeitraubende Millimeterarbeit gefragt. Dann endlich hat der erste Wagen das Haus erreicht, und zwei Feuerwehrmänner verschaffen sich, geschützt durch Sauerstoffmasken, Zugang zum Haus und zu den Wohnungen. Über den Balkon ziehen sie einen Schlauch nach oben und beginnen zu löschen, während die anderen Bombeiros sich darauf konzentrieren, die Menschen aus dem obersten Stockwerk, die sich noch nicht über das Treppenhaus gerettet haben, per Leiter zu bergen. Ich halte den Atem an, drücke die Daumen und, felizmente –

alle können unverletzt in Sicherheit gebracht werden. Auch als schon längst niemand mehr im Haus ist, wird erneut jede einzelne Wohnung sorgsam abgeleuchtet, um zu prüfen, ob nicht vielleicht doch noch irgendwo ein Bewusstloser der Rettung harrt. Die Familie, von deren Wohnung der Brand seinen Ausgang genommen hat, steht weinend auf dem Trottoir. Längst hat sich die Straße mit Menschen im Schlafrock gefüllt, die schauen, diskutieren – und froh sind, dass es nicht ihr Haus getroffen hat.

Auch Marta und Jorge sind wach geworden und verfolgen das Geschehen von dem kleinen Balkon am Wohnzimmer aus. Sie sind nicht minder erschrocken als ich – und doch ist ein Brand für sie alltäglicher als für mich. Wer je durch Portugal gefahren ist, mag sich gewundert haben, dass es in jedem noch so kleinen Dörfchen eine Straße gibt, die den Feuerwehrmännern, den Bombeiros, gewidmet ist. Das hat in erster Linie mit den Waldbränden zu tun, die wegen der großen Hitze so leicht ausbrechen und die zu fast neunzig Prozent von Feuerwehrmännern eingedämmt werden, die diese Arbeit freiwillig und nicht hauptberuflich tun. Doch hier in Lissabon, in der Stadt, sind die Bombeiros nicht weniger wichtig und absolute Helden des Alltags: Die Häuser sind alt, im Inneren größtenteils aus Holz gezimmert, die elektrischen Leitungen ebenfalls morbid und – Risikofaktor Nummer eins – in jeder Wohnung befindet sich Gas, denn sowohl die Heiß-Wasser-Leitungen als auch die Herdplatten werden über Gasflaschen versorgt, die wöchentlich in kleinen Lieferwägen, gefüllt mit ganzen Armeen orangefarbener Kartuschen, in die Häuser geliefert werden. „Die Feuerwehr ist hier dauernd im Einsatz", meint Jorge. Meist bleibt es bei einem Schwelbrand, und auch im Haus gegenüber ist noch mal alles gut gegangen – Victor kann mir am nächsten Morgen berichten, dass der Durchlauferhitzer im Bad schuld an der Misere war. Doch der Schreck sitzt mir weiter in den Gliedern, als ich mich nach einer Stunde wieder zu Bett lege, während die Alarmlichter der Feuerwehrautos noch immer an meinen Zimmerwänden reflektieren. Von diesem Zeitpunkt an ziehe ich jedes Mal, wenn ich an einer der vielen Feuerwehrstationen vorbeigehe, egal ob es voluntários (Freiwillige) oder sapadores (Professionelle) sind, innerlich den Hut: Muito obrigado pela vossa coragem, bombeiros do Portugal!

Nach dem Feuer kommt der Regen, auf den Portugal und vor allem die Bauern so lange gewartet haben. Er beginnt sturzflutartig wie ein heftiges Sommergewitter, begleitet von Donnergrollen und Wetterleuchten – und er hält sieben Tage an.

Am ersten Tag stelle ich fest, dass ich völlig vergessen habe, wie Regen klingt und wie er riecht. Was für ein Geräusch er macht, wenn er ans Fenster und auf die metallenen Simse trommelt, wie unnachahmlich frisch er duftet und wie feucht sich die Luft anfühlt, wenn sie in die Nase schlüpft. Ich bin ganz berauscht vom Regen, genieße es, ein bisschen nass zu werden, und amüsiere mich darüber, wie nervös meine portugiesischen Kollegen reagieren. Jetzt keinen Regenschirm dabei zu haben ist eine Katastrophe – und davon profitieren die besonders cleveren Zeitgenossen, die kurzerhand einen kleinen Handel eröffnen und Schirme in den Straßen verkaufen.

Am zweiten Tag amüsiere ich mich weiter, weil ich mir einbilde, dass die Regenschirme der Portugiesen besonders groß sind. Sie scheinen mir so groß wie Zelte.

Am dritten Tag muss ich zugeben, dass Lissabon wirklich keine Stadt ist, die sich besonders gut für Regen eignet. Denn es gelingt mir kaum, die Gassen hinunterzugehen, ohne auf den Pflastersteinen auszurutschen. Und die Autofahrer schaffen es nicht, sich in den engen Straßen so sehr vom Rinnstein und dessen Pfützen fernzuhalten, dass die Fußgänger beim Vorüberfahren keine unfreiwillige Dusche verpasst bekommen.

Am vierten Tag sind Teile der Stadt überschwemmt, weil das Wasser nicht mehr ablaufen kann, und die Verkäufer in der Baixa schützen ihre Läden durch Metallblenden an den Türen. Ich überlege, ob ich mir Gummistiefel oder besser Flip-Flops kaufen soll.

Am fünften Tag lerne ich von Marta das Sprichwort „Abril – águas mil" (Tausend Wasser im April) und fange an, die Sonne zu vermissen.

Am sechsten Tag werde ich verzagt und frage mich, warum ich die Worte für regnen („chuvar") und weinen („chorar") so oft verwechsle.

Am siebten Tag hört alles so plötzlich auf, wie es gekommen ist. Die Sonne wagt sich schüchtern hinter den Wolken hervor und bringt die nasse Stadt zum Glitzern, das Wasser fließt langsam ab, die Blätter glänzen, die Dächer auch. Der Horizont beginnt, sich wieder blau einzufärben, und ist von einer unendlichen Dichte, denn durch die feuchte Luft wirkt das Licht tiefer und nuancenreicher als sonst. Zurück bleibt ein blank geputztes Lissabon, das wie neugeboren ist und in das nach und nach das Leben zurückkehrt, weil sich die Straßencafés und die Plätze wieder mit Menschen füllen.

Und deshalb ist die Stadt nun bereit, es rote Nelken regnen zu lassen.

✲ ✲ ✲

Die ersten Nelken habe ich bereits gestern gesehen – im Arm einer alten Dame. Sie saß an der Bushaltestelle und hielt ein Meer aus mindestens fünfzig roten Blumen vor der Brust, vermutlich, um sich heute auf die Avenida da Liberdade zu stellen und zu rufen: „Cravos! Cinquenta cêntimos! Nelken für fünfzig Cent!" So, wie das viele tun. Denn heute kauft jeder, der an die Freiheit glaubt, eine rote Nelke und trägt sie im Knopfloch, im Haar, in der Hand. Weil heute der 25. April ist, der Tag der Nelkenrevolution. Der Tag, an dem sich Portugal 1974 von einer 48 Jahre währenden Diktatur befreit hat.

Auch Teresa und ich haben uns eine Nelke besorgt, ehe wir uns an den Straßenrand gestellt haben, um darauf zu warten, dass die Demonstration beginnt, die jedes Jahr an diesem wichtigsten Feiertag des portugiesischen Kalenders stattfindet. Viele sind gekommen, um es uns gleichzutun: alte Menschen, die die Revolution noch erlebt haben, und junge, die eine neue Revolution für nötig halten. Viele sind aber auch nicht gekommen. Denn es gibt sie noch, die alten Salazaristen, die nicht aufhören können, an der Vergangenheit festzuhalten. Wie jener Mann etwa, mit dem ich mich vor einigen Wochen unterhalten hatte und der die von Diktator Salazar erbaute Brücke über den Tejo, die nach der Revolution in „Ponte de 25. Abril" umbenannt wurde, noch immer hartnäckig „Ponte Salazar" nannte. Und so dreist war, mir lächelnd ins Gesicht zu sagen, dass er nicht gerne von Revolution, sondern von „terramoto", von Erdbeben, zu sprechen pflege - weil es in seiner Wahrnehmung kein befreiendes, sondern ein zerstörendes Ereignis gewesen sei. Es gibt diejenigen, die zwar nicht so bekennend faschistisch sind wie jener Mann, sich aber irgendwie nach den alten Zeiten zurücksehnen, denn: So schlecht sei es damals nun auch wieder nicht gewesen! Diese Menschen haben mich damit erschreckt, dass sie behaupteten, die portugiesische Diktatur sei ja nur eine „softe" gewesen – was angesichts der Tatsache, dass während des Estado Novo brutal gefoltert und jeder, der sich gegen das Regime geäußert hatte, inhaftiert wurde, eine nicht minder bedenkliche Sicht ist. Es gibt die Linksintellektuellen, die die Revolution nicht akzeptieren, weil sie in ihren Augen nur ein Putsch des Militärs gewesen ist – eines Militärs, das nach der Machtübernahme eine Demokratie in Portugal etabliert habe, die doch gar keine wirkliche Demokratie sei.

Doch nun, um 15.30 Uhr, spielen diese Differenzen keine Rolle mehr. Denn nun schallt über die gesamte Avenida da Liberdade das Signal, das damals, um Mitternacht vom 24. auf den 25. April, im Radio erklungen war: das Lied „Grândola" von José „Zeca" Afonso, dem Sänger, der, geflohen in die Emigration, dem Fado ein neues, ein politisches Gesicht verliehen hatte. Ein Lied, das schon allein deshalb revolutionär war, weil es dem Volk, das von Salazar bewusst ungebildet und klein gehalten wurde, die Hauptrolle zuspricht. Damals, 1974, war es für die Militärs das Zeichen gewesen, loszulegen. Nun, Jahrzehnte später, halten alle ihre Nelken hoch und singen mit: „Grândola vila morena, / Terra da fraternidade, / O povo é quem mais ordena, / Dentro de ti ó cidade. – Grândola, braune Stadt, Land der Brüderlichkeit, das Volk regiert in dir." Der Umzug beginnt. Ein Panzer, der mit bunten Graffiti bemalt ist und auf dem „Liberdade!" steht, fährt voraus. Dann folgen die politischen Organisationen, die Kommunisten, die Sozialisten, die Jugendbewegungen, die Gewerkschaften, die Gruppe der Immigranten, angeführt von tanzenden Brasilianern, Arbeiter aus dem Alentejo mit schwarzen Hüten und folkloristischen Tüchern. Alle skandieren sie: „25 d'Abril sempre – fascismo nunca mais! 25. April für immer, niemals mehr Faschismus!" Und: „Abril está na rua, a luta continua. Der Kampf geht weiter!" Weiter geht der Kampf auch deshalb, weil viele gegen die aktuelle Situation demonstrieren und auf ihren Transparenten einen neuen 25. April fordern, einige davon sind vermummt.

Aus der Menge der „Juventude Comunista Portuguesa" springt ein Freund Teresas heraus, um kurz mit uns zu plaudern. Darüber, wie wichtig es ist, zu demonstrieren, weil Portugal doch immer noch nicht begriffen habe, was Freiheit sei. „Ist denn vielleicht das, was der Staat da gerade veranstaltet, Freiheit? Sich von den Interessen der Marktwirtschaft versklaven zu lassen und uns dafür immer mehr einzuschränken, immer mehr zu kontrollieren? Para mím, isso é pidesta!" Für mich ist das „pidesta", überwachend, ein Wort, angelehnt an den Namen der Geheimpolizei P.I.D.E, die während der Diktatur für die Spitzeldienste verantwortlich zeichnete. Und Teresa steigt mit ein in die Diskussion.

Vielleicht ist es ignorant, aber ich will jetzt nicht diskutieren. Ich will jetzt nicht fragen, ob die Revolution ihre Ziele erreicht hat oder nicht. Denn während der Umzug an mir vorüberzieht, sehe ich vor meinem inneren Auge die Bilder aus dem Jahre 1974, die ich aus Fotobänden kenne: wie jubelnde Menschen den Soldaten Nelken in die Gewehrläufe steckten. Rote Nelken, die einerseits den Triumph der Arbeiterbewegung, vor allen Dingen aber den Frieden symbolisierten – weil diese Revolution so unblutig verlaufen war, dass sie nicht mehr als fünf Tote gekostet hatte. Ich sehe vor meinem inneren Auge, wie Menschentrauben auf Panzern sitzen, die Hand zum Victory-Zeichen erhoben, vor Glück strahlend. Ich sehe, wie die Türen der P.I.D.E-Gefängnisse sich öffnen und Paare, die seit Jahren getrennt waren, einander weinend in die Arme fallen. Ich nehme meine Nelke, halte sie hoch und rufe: „25 d'Abril sempre, fascismo nunca mais!" Denn ich will diesen Tag nicht diskutieren, sondern feiern. Weil er ein großer historischer Moment war und noch immer ist. Und weil die Revolução dos cravos für mich eine der schönsten Revolutionen ist, die die Geschichte je geschrieben hat.

* * *

Das Rad der Geschichte dreht sich noch weiter zurück – ich werde zum Neandertaler. Zum Ante-Neandertaler, zum Prä-Neandertaler oder auch zum Proto-Neandertaler, ich weiß es nicht. Ich weiß nur, dass Inês sich frisch verliebt hat, in Pedro, einen Archäologen. Und da Pedro demnächst einen Workshop anbietet, der veranschaulichen soll, wie im Neolithikum gekocht wurde, haben Inês und ich die Ehre, seine Probestudenten zu sein. Die Vorkoster gewissermaßen, die insgeheim mit dem Schlimmsten rechnen: etwa damit, ein Menü aus rohem Wildschwein samt Fell essen zu müssen, gewälzt in Walfett und garniert mit gerösteten Insektenpanzern.

Schon heute Morgen sind wir losgefahren in Richtung des nahe gelegenen Städtchens Sesimbra, genauer gen Serra da Arrábida, einem Naturpark am Meer, in dem auch die Serra do Risco beheimatet ist. Ein Gebirgszug, der wie eine gefrorene oder versteinerte Welle ins Meer rollt. Die Aussicht vom höchsten Punkt dieser Welle ist fantastisch, schwindelerregend und einzigartig. Tief unter uns liegt das Meer, gesäumt von weißen Sandstränden und Kalkfelsen – und um uns herum sehen wir die dunklen Wälder der Serra da Arrábida.

Nicht nur auf ihrem Rücken, sondern auch in ihrem Innern birgt die Serra do Risco Besonderes. Ein kleines archäologisches Geheimnis, in das Pedro uns nun einweihen will: Dafür hangeln wir uns an Seilen entlang, stellenweise rutschig und gefährlich, den Abgrund und das Meer immer unter uns, bis wir schließlich zur Lapa da Cova gelangen, einer Höhle, die bereits von den Phöniziern genutzt wurde. Pedro erzählt, dass die Archäologen hier Keramikreste gefunden haben, die auf die frühe Eisenzeit verweisen. Etwa dreißig Meter tief mag sie sein, die Grotte, der Eingang vielleicht fünfzehn Meter breit. „Der Boden ist so uneben, dass der Raum ganz bestimmt nicht zum Wohnen genutzt worden ist", meint Pedro. „Viel eher diente er für rituelle Praktiken, möglicherweise sogar als Begräbnisstätte." Tatsächlich strahlt der Ort etwas Sakrales aus, tief geborgen fühlt man sich, und der Blick nach draußen gehört zu den schönsten Aussichten, die ich – bei all den schönen Aussichten, die ich bereits in Lissabon geschenkt bekommen habe – je gesehen habe. Umgeben von Dunkelheit und einer tiefen Stille blickt man hinaus auf das Meer und den Horizont, sieht nichts als Wasser und Ewigkeit. Atemberaubend. Wir sind uns einig, und es klingt in diesem Moment gar nicht makaber, dass wir auch gerne hier begraben wären.

Doch auch in erhabenen Momenten knurren Mägen. Es ist Mittagsessenszeit, und zum Kochen ziehen wir zu den Rückläufern der bergigen Welle weiter: Circa vier Kilometer vom Strand entfernt, wo Besiedelungen der ausgehenden Bronzezeit nachgewiesen wurden und wo in absehbarer Zeit ein Parque Arqueológico aufgebaut werden soll, haben Wissenschaftler eine kleine Basisstation errichtet. Pedro erzählt uns, dass es in Portugal nur so wimmelt von archäologischen Stätten. „Nur zwanzig Prozent des gesamten Vorkommens sind überhaupt erschlossen", schätzt er. Weil das Geld fehlt – und auch die Notwendigkeit.

Wir haben bereits angefangen, ein Loch in die Erde zu graben, nicht, um nach fehlendem Geld zu suchen, sondern um es nun mit Steinen auszulegen und die Übergänge mit Lehm zu kitten. Das wird unser Kochtopf sein. Doch erst muss Pedro all sein jungsteinzeitliches Geschick aufbringen, um Feuer zu machen. Etwa fünfzehn Minuten dauert es, bis er mithilfe eines Feuersteins und eines Baumpilzes, einem sogenannten Zunderschwamm, zunächst trockenen Samen und dann trockenes Holz zum Brennen gebracht hat. Nun lodert es frech in unserem Lehmloch. Wir warten, bis es zur Glut heruntergebrannt ist, und legen dann das Fleisch darauf: „Leckeres Schwein, direkt aus dem neolithischen Supermarkt", grinst Pedro und garniert das Fleisch noch mit Muscheln: „Die geben ein bisschen Feuchtigkeit und außerdem Salz. Ganz schön schlau, die Köche aus der Steinzeit, oder?" Um den Topf zu verschließen, konstruieren wir ein Gitter aus Holzstöckchen auf der Öffnung des Lehmlochs, decken es mit Blättern und einem Stück Ziegenhaut ab. „So haben wir eine gute Thermik und eine konstante Temperatur in unserem kleinen Kesselchen." In einem zweiten Loch kochen wir noch Linguerão, lange, stabförmige Muscheln, die ich bisher noch nicht kannte und die ich erst nach langen Recherchen unter dem deutschen Namen „Riesenzungenmuscheln" finden kann – und dann gilt es, zwei Stunden zu warten, bis unser Essen fertig ist.

In der Zwischenzeit zeigt Pedro uns, wie man aus einem Stein ein Messer herstellt. Wir legen Ziegenleder auf unsere Knie, um uns nicht zu verletzen, und beginnen, von einem Feuerstein möglichst scharfkantige Abschläge zu machen. Dann passen wir die Klingen in kleine Holzstöckchen ein, kitten sie mit Harz und Bienenwachs und umwickeln sie zur Sicherheit noch mit reißfestem Schilfgras.

Es ist so weit, das Essen ist fertig. Zwar mogeln wir heute und essen von Papptellern – doch mit seinen Studenten wird Pedro ein paar Tage vor dem Kochkurs Teller aus

Lehm anfertigen, die dann gebrannt werden. Erst begutachte ich das steinzeitliche Essen, das Pedro mir reicht, skeptisch – ein Stück Fleisch mit Asche drumherum sowie Muscheln, ebenfalls mit Asche gewürzt – und dann probiere ich. Beides schmeckt köstlich, sehr herb und sehr aromatisch. Besser als das beste Barbecue, das ich je verzehrt habe! Und vielleicht auch deshalb so besonders lecker, weil wir mit den Händen essen.

Als Nachtisch werden Heidelbeeren serviert. Nicht selbst gesammelt, auch hier geschummelt und im Supermercado eingekauft. „Aber mit Sicherheit können wir davon ausgehen, dass die Steinzeitmenschen sich davon ernährt haben", versichert Pedro, ehe er von Inês einen Kuss und die goldene Kochmütze verliehen bekommt, die sie schnell aus zwei Papptellern gebastelt hat. Cinco estrelas, so finde auch ich, eindeutig fünf Sterne hat er verdient, unser Chefkoch. Nicht nur für das Essen, sondern für die gesamte Reise in die Tiefenschichten portugiesischer Vergangenheit.

Die Landkarte, die O Senhor Silva mir vor einigen Wochen im Café „A Brasileira" auf die Rückseite des Konzert-Programmzettels gezeichnet hat, hängt seither über meinem Schreibtisch an der Wand. Sie soll mich daran erinnern, dass Portugal nicht nur aus Lissabon besteht, sondern dass es viele Orte gibt, die es zu sehen lohnt. Mehrfach bin ich in den vergangenen Monaten auch schon rausgefahren aus der Stadt, habe mich – weil die portugiesischen Straßen besser ausgebaut sind als die portugiesischen Schienennetze – in die Überlandbusse der „Rede Expressos" oder der „Rodoviaria do Tejo" gesetzt und bin losgefahren. Ich habe Évora gesehen, die weiß-gelbe Stadt im Alentejo, die so lieblich wirkt, dass keiner in ihrem Stadtzentrum eine Kapelle vermuten würde, die einzig und allein aus Knochen gestaltet ist. Ich bin durch Óbidos spaziert und habe mich in den verwinkelten Gässchen verloren, mir im Museum die Gemälde von Josefa de Óbidos angesehen und einen Ginja, einen Kirschlikör, im Schokoladenbecher getrunken. In Ericeira bin ich am Meer entlanggeschlendert, habe die Galerie von O Senhor Silvas Freund besucht und auf der Rückfahrt die nicht enden wollenden Saalfluchten des Palastes von Mafra durchschritten. Die Blüte portugiesischer Geschichte habe ich in Batalha studiert und in Hunderten Varianten die durchbrochene manuelinische Ornamentik des Klosters fotografiert. Mit Aveiro habe ich das sogenannte portugiesische Venedig kennengelernt, und in Porto habe ich stundenlang auf der Brücke gestanden, weil ich mich von dem Blick auf die Stadt nicht trennen konnte. Das Flattern der Fledermäuse in der atemberaubend schönen barocken Universitätsbibliothek sowie einen Fado der Studenten habe ich in Coimbra gehört. Und in Carrapateira habe ich den Duft der Esteva-Pflanzen samt Meeresluft eingeatmet, habe meinen Fuß in die kalten und wilden Wellen des Atlantiks gestreckt – und ihn schnell wieder herausgezogen, um stattdessen den köstlichsten Thunfisch der Welt essen zu gehen.

Sosehr ich meine Reisen und Ausflüge genieße – am allerschönsten ist jedes Mal die Rückkehr: weil es sich anfühlt, als würde ich nach Hause kommen. Wenn der Bus am Jardim Zoológico in den Terminal einbiegt, ist mir alles vertraut. Wenn ich die blaue Metrolinie bis Santa Apolónia nehme und dort in den 735er einsteige, kenne ich die Gesichter der anderen Wartenden. Wenn ich an der Rua do Washington aussteige, ist ganz klar, dass ich noch kurz bei Victor vorbeischaue, der mich mit den Worten „Caramba, a aventureira está de volta! – Die Abenteuerin kommt zurück!"

begrüßt. Und wenn ich die Wohnungstür aufschließe, streift Bob Marley mir um die Beine und Marta streckt den Kopf aus der Küche: „Du kommst genau richtig für ein Süppchen." Wenn ich nach diesen Reisen zurückkehre, ist es ganz eindeutig: Lissabon ist Heimat geworden.

Lissabon ist Heimat geworden, weil ich zur Familie gehöre – nicht nur zu der, bei der ich wohne. Ich habe viele Familien in dieser Stadt, und nur von wenigen kenne ich die Namen. Denn so, wie sich hier überall ein Dorf gründen lässt, lässt sich auch jederzeit aus dem Nichts heraus eine Familie gebären. Es genügt ein Lächeln, eine Begegnung. Ich gehöre etwa zur Familie jenes Busfahrers, der immer wartet, wenn er mich kommen sieht, sodass ich dem Bus nun wirklich nicht mehr hinterherrennen muss. Oder zur Familie der Kellnerin in meinem Mittagstisch-Café, die weiß, dass ich zum Essen nichts trinke, aber nach der Mahlzeit natürlich einen Kaffee brauche. Ja, auch die ein oder andere Kassiererin im Supermarkt hat mich in ihren Kreis aufgenommen, weil sie sich gemerkt hat, dass ich diese eigensinnige Estrangeira bin, die partout keine Tüte haben will.

Familien lassen sich in Lissabon aber auch mit Menschen gründen, die man noch nie zuvor gesehen hat. Zum Beispiel, wenn man am Neujahrstag mitten auf der Straße von einer wildfremden Frau umarmt wird und die besten Wünsche für das kommende Jahr erhält. Oder wenn man an Ostern – also jetzt – an der Bushaltestelle sitzt und plaudert. Mit der älteren Dame in Beige, die auf den 794er wartet. Wir unterhalten uns über das Wetter, über das Leben – und auch über den Osterkuchen, der, sorgsam in Packpapier gewickelt, auf dem Schoß der Dame ruht. Ich erfahre, dass dieser Osterkuchen ein typischer ist und köstlich schmeckt. Nicht süß, wie sich vielleicht annehmen ließe, sondern salzig. Was daran liege, dass kleine Speck- und Wurststückchen im

Teig versteckt seien. Folar de Páscoa oder auch Folar de Chaves werde er genannt, und eigentlich sei es sinnlos, über diesen Kuchen zu reden, denn eigentlich, so findet die alte Dame, müsse ich ihn probieren. Deshalb entblättert sie nun Schicht für Schicht das Packpapier, bricht den Kuchen einmal in der Mitte durch und schenkt mir eine gesamte Hälfte, ehe sie in den 794er steigt. Einfach so. Ich winke der Frau hinterher, freudig und gerührt darüber, dass ich für ein paar Minuten von ihr adoptiert, für ein paar Minuten in ihre Familie aufgenommen wurde. Ich koste – noch an der Bushaltestelle – ein Stückchen von dem unglaublich leckeren Folar de Chaves und kann auch im Bus nicht aufhören, mit vollen Backen zu kauen. Ich lasse, Bissen für Bissen, das Gespräch mit der alten Dame nachklingen und begreife dabei erneut, was ich schon längst weiß: dass es genau solche Begegnungen sind, deretwegen ich so gerne in Lissabon lebe. Dass es genau solche Begegnungen sind, deretwegen ich diese Stadt Heimat nenne.

Maio

HEUTE IST DONNERSTAG, und heute ist kein Tag wie
jeder andere. Heute schließt Victor seinen Laden zwei Stunden früher als gewohnt, hängt das Schild „Fechado" an die
Tür und schärft Cão noch einmal ein, dass er schön brav
sein soll. Heute verlasse auch ich die Arbeit bereits um 18
statt um 19 Uhr, stopfe mir ein paar Salgados in den Mund
und gehe Richtung Baixa-Chiado, um dort die Metro zu
nehmen. Heute ist kein Tag wie jeder andere, denn heute
gehen Victor und ich zum Fußball.

Den Fußball in Lissabon habe ich bisher auf zwei verschiedene Arten kennengelernt. Zum einen durch die kleinen Jungs, die in den schmalen Gassen und auf den lauschigen Plätzen, ja möglichst überall dort, wo es irgendwie
geht, ihren Ball auspacken und loslegen. Wenn ein Junge
alleine ist, knallt er das Ei einfach in verschiedenen Varia-
tionen an die Kirchenwand: Ziel anvisieren, Anlauf nehmen,
schießen. Wenn es mehrere sind, wird ein Torwart einge-
setzt – der besser ist als die Kirchenwand, weil er die Abwehr mit mehr Leidenschaft bringt. Weil er hochspringt,
mit akrobatischer Präzision fängt, fällt, wieder aufsteht, den
Ball zurückschießt, die Hose hochzieht, die Nase auch –
und dann bereit ist für den nächsten brillanten Coup. Wenn
nicht genügend Platz ist für ein Tor und einen Torhüter,
lässt es sich auch einfach stundenlang hin- und herbolzen
und dabei ab und zu mit tiefer gelegter Stimme „Eh pá!"
rufen, was auf Portugiesisch alles Mögliche heißen kann,
in diesem Fall aber so viel wie „Boah, ey!" In jener Art des
Fußballs sind die Jungs Meister, die ich im Bairro Alto

manchmal sehe, wenn ich abends von der Arbeit nach Hause gehe, und die so lange spielen, bis es dunkel wird und es nur noch ihre Schatten sind, die um den nächsten Ballkontakt kämpfen. Ich weiß, dass das alle kleinen Jungs auf der Welt so machen, sobald sich ein runder Gegenstand ihrem Fuß nähert. Aber mir scheint, dass es nirgends so viel Charme besitzt wie in den verwinkelten Gassen von Lissabon.

Zum anderen habe ich hier eine meditative Variante des Fußballs erlebt, die ich „o futebol sonâmbulo" getauft habe. Sie spielt sich im Café ab, denn in jedem Café befindet sich ein Fernsehgerät, und wenn es so etwas Wichtiges wie Fußball zu sehen gibt, dann drehen alle ihre Stühle gen Mekka, also gen Televisão, und schauen zu – eine Szenerie, die wie eine Vorlesung oder wie ein Gottesdienst wirkt, auf jeden Fall andächtig. Bisweilen ist ein Kommentar zu hören, eine kurze Verständigung über den schlechten Schiedsrichter, eine wegwerfende Geste in Richtung des tollpatschigen Stürmers oder ein „Sssssss", weil der Ball haarscharf an der Latte vorbeigeschrammt ist. Wesentlich mehr aber nicht. Ich hatte diese stille und kontemplative Rezeption des Fußballs betrachtet und daran gedacht, wie mir vor einigen Jahren in Berlin ein Stuhl um den Kopf geflogen war, als ich während des Finalspiels Italien – Deutschland als unbeteiligte Passantin an einer Kneipe vorbeiging. Und dann fühlte ich mich in meinem Ehrgeiz angestachelt: Caramba! Es musste doch möglich sein, einmal einen Portugiesen außer sich zu erleben! Und deshalb, so schien es mir, musste ich einmal während meines Lissaboner Aufenthalts ins Stadion.

Eigentlich hatte ich mir gewünscht, ein Spiel zwischen Sporting und Benfica zu sehen, doch das hatte Victor mir verboten. SCP Sporting und SL Benfica sind die beiden Mannschaften, die in Lissabon beheimatet sind, die beide ein eigenes Stadion, einen eigenen Trainer und unzählige Fans besitzen. Die Fans von Benfica sind der Meinung, dass ihre Mannschaft, die mehr als hundert Jahre auf dem Buckel trägt, die beste ist, weil sie historisches Gewicht hat. Die Fans von Sporting halten dagegen, dass ihre Mannschaft, die 1984 gegründet wurde, unschlagbar, weil frischer ist. Im Klartext heißt das: Sporting – auch die Löwen genannt – und Benfica, die Adler, sind Rivalen bis aufs Messer, und bei den Spielen ist Krawall garantiert, ja, beim letzten Spiel wurde gar ein Feuer im Stadion entfacht. „Demasiado perigoso – zu riskant", hatte Victor gesagt, und damit war das Thema erledigt. Deshalb also gehen wir heute nicht zu Sporting gegen Benfica, sondern zum Viertelfinalspiel des UEFA-Cups, in dem Sporting Lissabon gegen Metalic Kharkiv antritt.

An der Metro-Station im Chiado begrüßt mich Victor in Grün-Weiß. Er trägt ein grün-weiß-geringeltes T-Shirt und hat einen grün-weißen Schal umgehängt, auf dem zu lesen ist: „Sporting – Até morrer!" Bis zum Tod. Victor ist seit der Gründung von Sporting erklärter Fan, aber Victor ist ein Verräter. Früher war er nämlich bei Benfica, doch, so sagt er, es sei ihm aufgezwungen worden, seine Eltern hätten ihn schon als Säugling ins Benfica-Stadion geschleppt. „Genau, Benfica hat nur deshalb so viele Fans, weil die in der Statistik die Babys mitzählen", pflichtet der Mann neben uns bei, der ebenfalls in Grün-Weiß U-Bahn fährt. Und dann gehen Victor in Grün-Weiß und der Mann in Grün-Weiß dazu über, so ausfallend über Benfica zu schimpfen, dass mein Wortschatz kapituliert.

Ich habe es noch nicht gewagt, Victor zu beichten, dass ich von Fußball nicht viel verstehe. Ich weiß, dass elf, nein, zweiundzwanzig Männer einem Ball hinterherrennen, aber ich weiß nicht, warum sie das tun. Jetzt wäre allerdings auch ein schlechter Zeitpunkt, Victor danach zu fragen, denn er hat gerade angefangen, mit mir den Fan-Song von Sporting einzustudieren: „Aiaiaiaiii, aiaiaiaiii, aiaiaiaiii, o Sporting é o nosso grande amor!" Solchermaßen skandierend steigen wir am Campo Grande aus, auf dem das Stadion wie ein riesiges, knallig grün-gelbes Ufo kragt. Mehrere Handvoll Fans ergießen sich bereits über die Treppenstufen und glühen mit Bier und Hotdogs vor, alle Altersstufen und Schichten gemischt. Dort ein älterer Herr im Anzug, da ein kleiner Junge an der Hand seines Vaters. „Um cachecol por 5 Euros, um cachecol por 5 Euros!", ruft eine alte Dame und hält grün-weiße Schals zum Verkauf bereit. Wir passieren die Ticketkontrolle und steigen unzählige Treppen empor, weil wir ganz oben auf den billigsten Plätzen sitzen – und auf den besten! Was für eine Aussicht! Das Stadion liegt uns zu Füßen – und nun, da ich sehe, dass ein Fußballfeld ebenfalls grün-weiß strukturiert ist, wird mir klar, welch durchdachtes Raffinement hinter dem Trikotdesign der Sportings steckt.

Die ersten Spieler betreten den Rasen, um sich aufzuwärmen. Damit die Fronten klar gezogen sind und die paar versprengten Metalic-Fans in der Ostkurve erst gar nicht auf die Idee kommen, frech zu werden, werden die gelb-violett gekleideten Ukrainer mit Buh-Rufen und die Sportings mit emphatischer Begeisterung empfangen. Der Moderator streift durch die Reihen und lässt sich von den Fans Einschätzungen für den Spielverlauf geben: 10:0 tippt ein kleines Mädchen, woraufhin Jubel durch die Reihen brandet! Genau, 10:0 für unsere Mannschaft! A nossa equipa! Tudo é possível – alles ist möglich! Nur noch fünf Minuten bis zum Spielbeginn. Noch ein Gebet, alle halten ihre Schals über den Kopf – und dann der Anpfiff, das Spiel ist eröffnet! Vamos lá! Los geht's!

Victor ist in Fahrt. An ihm ist ein Sportreporter verloren gegangen, so viel steht fest. Ich brauche mir keine Sorgen zu machen, dass ich irgendetwas von diesem Spiel nicht verstehe, es wird alles kommentiert. Doch im Moment gibt es nicht viel zu verstehen, denn das Spiel dümpelt vor sich hin, die portugiesischen Löwen wirken verschlafen und konzeptionslos, dramatisieren jedes kleine Foul zur großen Oper, es mangelt an Ballkontakt und gemeinsamer Strategie. Wohingegen die Ukrainer eine starke Abwehr haben. „Was machen die da?", schimpft Victor über seine Équipa. „Estão a dormir, os mandriões! Die pennen, die Schlafmützen!" Auch Trainer Ricardo Sá Pinto ist unzufrieden, tigert, die Schultern hochgezogen und die Hände in den Hosentaschen vergraben, am Rand des Spielfelds entlang und faucht seine Mannschaft an. Dann ein Foul von Sporting, gelbe Karte vom Schiedsrichter. Pfeifkonzert der Sportingistas. „Buuuuh!" Na also, wusste ich's doch: Auch Portugiesen können laut werden. „Não é simpatico!", schreit Victor. – „Não é, não é", pflichte ich ihm schnell bei, denn der Schiedsrichter ist Deutscher. Die Diskussionen sind eröffnet, jeder fühlt sich berufen, wild gestikulierend gen Spielfeld zu debattieren – vergeblich. Elfmeter. Zittern. Ukraine schießt und „Aaaaah!" – Glück gehabt. Torwart Rui Patricio hat gehalten.

In der Pause steht es 0:0, und Victor ist kurz davor, das Stadion zu verlassen. „Que merda! Que merda!" ist alles, was er noch zu sagen hat. Wie ernst die Lage ist, kann ich auch daran merken, dass er damit droht, wieder zu Benfica überzuwechseln. Es sieht gefährlich danach aus, dass der Abend in einer Katastrophe endet.

Zweite Halbzeit. Über dem Stadion ist es dunkel geworden und die Flutlichter strömen über das Spielfeld. Trainer Sá Pinto hat seine Jungs wohl zur Brust genommen, das

Spieltempo zieht an. Klatschchöre und „Sporting!"-Rufe. Da, 51. Spielminute, Capel nähert sich dem gegnerischen Tor, „Vamos, vamos! Los!", schreit Victor, und tatsächlich, Marat Izmailov, die Nummer 7, übernimmt und – „Goloooo! Goloooo! Goloooo!" Ein Stadion wird aus den Sitzen gerissen, ein Stadion kocht, ein Stadion triumphiert. 1:0! Viva o Sporting! Der Knoten ist geplatzt, endlich haben die Grün-Weißen die Kontrolle über den Ball, endlich kommt Bewegung ins Spiel. Die Ukrainer werden nervös, behelfen sich mit ziellosem Aktionismus, wechseln Spieler aus. Dann ein böses Foul vonseiten der Metalics – Elfmeter für die Sportings, vielleicht ist der deutsche Schiedsrichter doch nicht so schlecht. „Hau rein die Kirsche!", rufe ich und kriege vor Aufregung Schluckauf. „Embora, embora!", schreit Victor und dann: „Carambaaaaa!" 2:0 für Sporting! Es lebe Insúa, der Torschütze! La-Ola-Wellen wogen durch das Stadion, nur unterbrochen von dem in sich versunkenen ukrainischen Fanblock. Ich überlege kurz, ob ich aus Mitleid vielleicht doch heimlich für die Ukrainer fiebern soll, aber das erledigt sich schnell, denn die Sporting-Fans gehen zum großen Crescendo über, und da muss ich dabei sein. Klatschklatsch, klatschklatschklatsch, klatschklatschklatschklatsch, klatschklatsch – „Sporting!" Die Sportingistas brennen, die Sportingistas vibrieren, die Sportingistas sind ein Körper geworden. 74. Spielminute, dritte Chance – aaah, knapp daneben! „Morgen kauf ich mir eine Dauerkarte!", schreie ich Victor ins Ohr. 81. Spielminute, aaaaah, noch mal knapp daneben! Zwei gefährliche Angriffe der Ukrainer, zwei Mal erfolgreich abgewehrt. „Cinco estrelas!", Victor ist entzückt. 87. Minute, verpasste Chance, 88. Minute, verpasste Chance, 89. Minute: verdammte Hacke! Der Schiedsrichter gibt Elfmeter für die Ukrainer, es ist einfach kein Verlass auf die Deutschen. Auf den Torwart auch nicht, Patricio kann nicht halten, das

Ei geht rein, Punkt für die Ukraine. Die Sportingistas bangen, vier Minuten Verlängerung. Die ukrainischen Fans kehren ins Leben zurück, es wird noch einmal ausgewechselt, noch einmal alles gegeben – doch, Abpfiiiiiff! Die Sportings sind im Viertelfinale des UEFA-Cup. Carambaaaaaa!

Als wir das Stadion verlassen, scheint der Mond. Und ich weiß: Er tut es nur für Sporting.

Sportings Triumph und meine neu entdeckte Begeisterung für den Fußball noch im Körper, widme ich mich am darauffolgenden Tag einer Leidenschaft, die mich schon lange begleitet: dem Kino. „Portugiesische Filme sind immer viel zu lang und furchtbar melancholisch. Und danach willst du dich am liebsten umbringen", behauptet meine Kollegin Joana, während wir über die schwarz-weiß gepflasterten Ornamente der Avenida da Liberdade Richtung Cinemateca spazieren. Ganz unrecht hat Joana mit ihrem Verdikt nicht, aber sie ist manchmal nicht ganz objektiv. Denn Joana ist Brasilianerin – und kann Portugal nicht ausstehen. „Ich warte nur noch, bis mein Freund auch mit dem Studium fertig ist, und dann gehen wir so schnell wie möglich zurück nach Brasilien." Das war einer der ersten Sätze, die ich von Joana hörte, als ich mich vor vielen Monaten erstmals mit ihr unterhalten hatte. Zuerst dachte ich, dass Joana, die seit zwei Jahren in Lissabon lebt, einfach Heimweh hat. Weil sie mir so oft von ihrer Sehnsucht nach der Quirligkeit Brasiliens erzählte, von ihrer Sehnsucht nach den leckeren Früchten, die in Rio an jeder Straßenecke verkauft werden, mal mundgerecht filetiert, mal frisch gepresst als Saft. Irgendwann aber merkte ich, dass es nicht nur das Heimweh ist, sondern mehr.

„Wusstest du", fragte sie mich, als wir im Palast wieder einmal den verstopften Abfluss auf der Toilette reinigen mussten, „was wir in Brasilien sagen, wenn eine Arbeit schlecht gemacht ist? Wir sagen: É portugues. Das ist portugiesisch." Und plötzlich schien es mir, als blitze irgendwo hinter diesen Zeilen ein Stück Vergangenheit hervor, ein Stück portugiesische Kolonialgeschichte. Ich sprach Joana darauf an und fragte sie, ob das für ihre Generation noch ein Thema sei. „Na ja ...", überlegte sie, ehe sie antwortete. „Die meisten Brasilianer – egal welchen Alters – denken nicht darüber nach, aber es lässt sich doch nicht leugnen, dass die Portugiesen jahrhundertelang auf unsere Kosten gelebt haben. Es gibt Wissenschaftler, die vertreten die Theorie, dass Portugal wirtschaftlich nie ganz hochgekommen ist, weil sich der Beginn der Industriellen Revolution hier durch die Kolonien verzögert hat – klar, die waren es jahrhundertelang gewohnt, sich von den Sklaven versorgen zu lassen." Joana erzählt mir auch, dass die aktuelle Wirtschaftskrise vieles im Verhältnis zwischen Portugal und Brasilien verändert hat. „Jahrzehntelang sind die Brasilianer nach Portugal gegangen, um Arbeit zu finden – jetzt ist es umgekehrt. Das können die Portugiesen nicht ertragen." Unzählige Vorurteile existieren, denen Joana täglich begegnen muss. „Was glaubst du, wie oft ich mir anhören muss, wir würden ja sowieso nur den ganzen Tag Samba tanzen und Caipirinha trinken? Das Härteste war, als mir ein Taxifahrer mal gesagt hat, ich soll doch zurück in mein ‚Scheiß-Land'." Joana rächt sich auf ihre Weise: mit einem großen Repertoire an Witzen über die Portugiesen. Und sie legt außerdem viel Wert darauf, auch hier in Lissabon ihr brasilianisches Portugiesisch zu sprechen. Weswegen ich manchmal das Gefühl habe, nicht nur eine, sondern zwei Sprachen lernen zu müssen, denn die Unterschiede zwischen beiden

Idiomen sind groß und reichen, weit über den Akzent hinaus, bis ins Vokabular und in die Grammatik hinein.

Erst, als ich anfing darauf zu achten, merkte ich, wie präsent die koloniale Vergangenheit Portugals auch im Lissabon des 21. Jahrhunderts noch ist – nicht nur aufgrund der Brasilianer, die hier leben, sondern viel stärker noch aufgrund der Afrikaner. Schwarze Sklaven – aus Guinea, Kap Verde, Angola oder Mosambik – waren seit dem 15. Jahrhundert, seit der Eroberung Ceutas 1415, nach Portugal verschleppt worden. Bis weit ins 20. Jahrhundert hinein wurde an einer ausbeuterischen Politik festgehalten, wurden jegliche Emanzipationsbestrebungen der Kolonien niedergeschlagen – besonders brutal unter Salazar. Erst mit dem Ende der Diktatur erlangten alle Kolonien ihre Unabhängigkeit. Aber auch danach besaßen viele portugiesische Familien noch eine farbige Hausangestellte, so, als würde das koloniale Recht weiterhin regieren. Bis heute sind diese Hierarchien nicht überwunden, viele Afrikaner hier verrichten minderwertige, schlecht bezahlte Jobs, arbeiten als Müllmänner, Putzfrauen und Küchenhilfen. Und es erscheint mir fast schon zynisch, dass noch immer die Straßen eines ganzen Viertels, des Bairro das Colónias, die Namen der ehemaligen Kolonien tragen.

Die meisten Afrikaner leben entweder in den Satelliten-Vororten Lissabons oder in den ärmeren Vierteln der Stadt, zum Beispiel in Intendente nahe der Mouraria. Viele von ihnen sind Obdachlose. Obdachlose, die laut sind, die auffallen – weil sie ihre Wut nicht schlucken, sondern sie anbrüllen gegen die Gesellschaft, die sie durch den Rost hat fallen lassen. Da ist zum Beispiel jener Afrikaner, den ich häufig nahe von „Martim Moniz" sehe, der schreiend und mit heruntergezogener Hose auf die Straße läuft und sich mitten auf die Fahrbahn legt – so lange, bis die Autofahrer die Polizei rufen. Und da gibt es einen, den ich immer am „Miradouro de Santa Catarina" treffe. Unentwegt ist er damit beschäftigt, Zigarettenstummel aufzusammeln, die die Touristen dort hinterlassen – und zu schimpfen. Konvulsivisch bricht es aus ihm heraus, die Stimme heiser, der magere Körper immer in Bewegung. Er analysiert und verflucht die Welt, hetzt gegen die Politiker aller Zeiten, von Clinton bis Gaddafi. Und vor allen Dingen gegen Portugal. Portugal sei „uma merda", eine einzige Scheiße. „Vergonha! Schande!" Alle seien Rassisten! Jedes Mal, wenn ich zum Campo gehe, höre ich dieselbe Tirade, als sei er gefangen in seinem Text. In seinem Hass steckt eine Wucht, die erschreckend ist. Ein Hass auf eine verlorene Vergangenheit, ein Hass auf eine gescheiterte Immigration. Immer ist er auf dem Sprung, als würde er von einer endlos verzehrenden Rastlosigkeit getrieben – mein Versuch, mich mit ihm zu unterhalten, um etwas über seine Lebensgeschichte zu erfahren, ist mir nicht geglückt.

Nur einmal habe ich ihn zur Ruhe kommen sehen: Da hatte er eine Chipstüte aus dem Müll geklaubt und die Krümel auf dem Boden verteilt. Als sich eine ganze Schar Tauben um die Brosamen gesammelt hatte, hat er sich mitten in sie hineingelegt, hat die Vögel gestreichelt – und ist darüber ganz still geworden.

All diese Bilder vor Augen, gehe ich heute Abend also mit Joana in die Cinemateca, um mir einen Film anzuschauen, der Portugals koloniale Vergangenheit thematisiert. Schon zu Anfangszeiten, als ich es war, die sich bisweilen innerlich obdachlos in einer fremden Umgebung fühlte, war die Cinemateca zu einer meiner vielen Heimaten in Lissabon geworden, mein zweites Wohnzimmer. Fantastische alte Filme werden hier gezeigt, großartige Retrospektiven verschiedenster Regisseure oder Themen, und das alles für ein

Drittel des Eintrittspreises eines kommerziellen Kinos. Kurz: Ich liebe es, in den weichen Sesseln zu versinken und nach der Arbeit für zwei Stunden in eine andere Welt zu reisen. Alle Filme sind in Originalsprache mit portugiesischen Untertiteln – das ist nicht nur in der Cinemateca, sondern auch im kommerziellen Kino und sogar im Fernsehen so. In Portugal wird nicht synchronisiert.

Viele ausländische Filme habe ich hier gesehen, aber auch portugiesische. Marco Martins großartigen „Alice", der mit der verzweifelten Suche eines Vaters nach seiner entführten Tochter ein trostloses, unendlich trauriges Bild von Lissabon zeigt. Die ungeschnittene Version von Miguel Mendes' „José e Pilar" – fünf Stunden, einen ganzen Samstagnachmittag lang, folgte ich José Saramago und seiner Frau auf ihren Pfaden. Oder Hugo Vieira da Silvas „Swans", die triste Erzählung eines in Portugal aufgewachsenen deutschen Teens, der mit siebzehn Jahren erstmals seine Mutter kennenlernt – als sie in einem Berliner Krankenhaus nicht mehr aus ihrem Koma erwacht.

Heute Abend nun erleben wir Miguel Gomes' Film „Tabu". Die Geschichte einer alten Portugiesin, Aurora genannt, die bis zur Unabhängigkeit 1974 in Kap Verde lebt, auf einer großzügigen Plantage, umgeben von vielen schwarzen Dienern, ein paar Krokodilen, ihrem Ehemann und ihrem Geliebten. Denn Aurora schätzt das Abenteuer, sowohl in der Savanne als auch in der Liebe geht sie gerne auf die Jagd – und schert sich weder um Moral noch um Politik. Während der Kolonialkrieg zu toben beginnt, vergnügt sie sich mit ihren Freunden im Swimmingpool. Wie ein Schwarz-Weiß-Fotoalbum ist die Geschichte erzählt, auch die Zeit danach, die Zeit, in der das „Paradies" verloren ist und das Leben der alten Aurora gezeigt wird: wie sie in einem hässlichen Hochhaus eines Lissaboner Vororts ihr

Dasein fristet, das letzte Geld im Casino von Estoril verspielt – und sich dabei noch immer von ihrer afrikanischen Hausangestellten versorgen lässt.

„Ein starker Film", da sind wir uns einig, Joana und ich, als wir zwei Stunden später die Cinemateca verlassen. Und dann, als wir uns zum Abschied Küsschen links, Küsschen rechts geben, ist es Joana noch ein Bedürfnis, sich bei mir zu entschuldigen, weil sie so oft über Portugal schimpft. „Ich vergesse immer, wie gut es dir in Lissabon gefällt. Die Stadt ist ja auch ganz schön, irgendwie. Aber im Gegensatz zu Rio ... Also, wenn ich wieder zurück in Brasilien bin, musst du mich unbedingt mal besuchen, está bem?" – „Combinado!", lache ich, irgendwie berührt von ihrem unerschütterlichen Patriotismus. „Abgemacht!"

✳ ✳ ✳

„Combinado!", hatte ich auch leichtfertig gesagt, als Inês und Pedro mich vor zwei Wochen gefragt hatten, ob ich mit ihnen und ein paar Freunden auf eine kleine sonntägliche Radtour mitkommen will. Jetzt, als es so weit ist, scheint mir meine Zusage kühn: Zum ersten Mal fahre ich Fahrrad in Lissabon – und das heißt, dass ich zum ersten Mal seit meiner Abreise aus Deutschland vor neun Monaten überhaupt wieder auf einem Drahtesel unterwegs bin. Noch dazu auf einem, den ich geliehen habe, von Joana. Bin ich überhaupt noch in der Lage, das Gleichgewicht zu halten? In dieser hügeligen Stadt, in der es keine Radwege gibt, weil niemand Fahrrad fährt? In den ersten drei Wochen nach meiner Ankunft in Lissabon, immer dann, wenn ich grollend auf die Eléctrico gewartet hatte, hatte ich mein Fahrrad und die damit verbundene Mobilität vermisst. Dann gewöhnte ich mich nach und nach daran, mit öffentlichen

Verkehrsmitteln unterwegs zu sein. Und irgendwann gefiel es mir, durch die Straßen chauffiert zu werden, die Stadt durchs Fenster zu betrachten, den Mitfahrern beim Telefonieren zuzuhören oder zu träumen und nichts anderes tun zu müssen, als an der richtigen Haltestelle auszusteigen.

Heute bin ich also selbst die Motorista, die Fahrerin. Sicherheitshalber habe ich die Reifen noch einmal aufgepumpt und die Bremsen getestet – es kann losgehen! Bis zu Victors Laden schiebe ich, dann biege ich links in die Rua do Washington ein und steige auf: Schön langsam, Stück für Stück den Berg hinunterrollen lassen, doch es beschleunigt ganz von alleine, das störrische Rad, es *will* heizen, die Felgen hauen so herzhaft ins Kopfsteinpflaster, dass die Schutzbleche in heller Panik aufschreien und Rodeo angesagt ist – egal! Augen zu und durch, geschmeidig reinlegen in die Rechtskurve, aber der Bus aus der Gegenrichtung hat denselben Gedanken und wie soll ich ihm ausweichen, wenn sich parkende Autos dicht wie eine Perlenkette entlang dem Bürgersteig aufgefädelt haben? Jetzt scharf links – täusche ich mich oder steigt von den Reifen ein Geruch nach verbranntem Gummi auf? Nur knapp schramme ich an den Fußgängern auf dem Zebrastreifen vorbei, Caramba, seit ich in Portugal die Langsamkeit entdecke, ist jegliches Reaktionsvermögen flöten gegangen! Was soll's, rechts einfädeln Richtung Bahnhof Santa Apolónia, wo die vorüberrauschenden Autos mich dickbäuchig in das hineindrücken, was man hierzulande Fahrradweg nennt, den Rinnstein also, durch dessen schmalspurige Kanüle ich mich nun tapfer und mit eingezogenen Schultern vorwärts balanciere – kurz: als ich nach zehn Minuten am Terreiro do Paço ankomme, bin ich schon erledigt. Doch da Inês und Pedro mir mit unerschütterlich guter Laune ihre Freunde vorstellen – Luisa und Beatriz, beides Tierärztinnen, Hugo, ein Informatiker, und Bruno, der bei den Lissaboner Stromwerken arbeitet, nebenbei aber noch in Elektrotechnik promoviert –, die allesamt vor Energie strotzen, während ihre Fahrräder mit prall gefüllten Satteltaschen im Sonnenlicht blitzen, packt nun auch mich die Abenteuerlust. Wir haben viel vor, wollen bis Cascais radeln, knapp dreißig Kilometer, immer am Fluss entlang. Also: „Vamos!"

Nach meinem rasanten Einstieg fährt es sich nun, auf der großzügig planierten Promenade des Tejo, komfortabel und bedächtig. Die ersten 500 Meter von Terreiro do Paço bis Cais do Sodré veranstalten wir ein Klingelkonzert, um allen Alfazinhas kundzutun, dass wir heute eine Radtour machen – und, damit ich mir besser merken kann, dass Klingel auf Portugiesisch „campainha" heißt. Danach versuchen wir, die Fernando-Pessoa-Texte, die auf den Asphalt geschrieben sind, zu lesen, ohne abzusteigen und ohne umzufallen. „O Tejo é mais belo que o rio que corre pela minha aldeia, / Mas o Tejo não é mais belo que o rio que corre pela minha aldeia, / Porque o Tejo não é o rio que corre pela minha aldeia." „Der Tejo ist schöner als der Fluss, der durch mein Dorf fließt, / Aber der Tejo ist nicht schöner als der Fluss, der durch mein Dorf fließt, / Denn der Tejo ist nicht der Fluss, der durch mein Dorf fließt." Wir müssen dafür ein bisschen langsamer fahren, weil wir den Text rückwärts lesen müssen, aber wir fahren überhaupt sehr langsam. Unter der Brücke Ponte 25 de Abril, die aussieht wie die Golden Gate, weil Diktator Salazar 1966 ein bisschen Glamour nach Lissabon holen wollte, geben wir ein zweites Klingelkonzert, um den Autos, die über uns hinwegrauschen, zu zeigen, was eine Harke ist. Wir schauen auf den Tejo, der wiederum auf uns schaut, finden, dass Fahrradfahren etwas Wunderbares ist, und lassen deshalb unsere campainhas noch einmal rasseln – so lange, bis sie heiser sind. Am

Denkmal „Padrão dos Decobrimentos", an dem Heinrich der Seefahrer, flankiert von anderen Entdeckern, gen Meer blickt, bleiben wir stehen und diskutieren, ob das einfach nur ein hässliches Monument des Estado Novo ist oder einen Erinnerungswert hat. Und kurz danach, wir haben beachtliche fünf Kilometer geschafft, stellen wir fest, dass es Mittagszeit ist und wir eigentlich schon Hunger haben. Auf der Höhe des Torre de Belém, wo sich die Touristen fürs Fotomotiv scharen und ein peruanischer Panflötist meint, er müsse die Welt mit „El Condor Pasa" beglücken, suchen wir uns in den Grünanlagen ein schattiges Plätzchen unterm Eukalyptusbaum. Ich fische die zwei trockenen Käsebrote, die ich mir am Morgen schnell geschmiert habe, sowie drei einsame Erdbeeren aus meinem Rucksack und will mich gerade auf den Rasen werfen, als meine portugiesischen Freunde mir zeigen, wie Picknick geht:

Eine karierte Decke wird ausgebreitet, so groß, dass wir alle auf ihr Platz finden. Und nicht nur wir. Auch das Essen. Inês und Pedro haben einen selbstgemachten Couscous-Salat samt Tellern und Gabeln mitgebracht – für alle, versteht sich. Beatriz und Bruno steuern mit Rührei belegte Brötchen, Bananen, Äpfel und Saft sowie kleine, mit Zimt bepuderte Schoko-Mandel-Eier bei. Köstlich und für alle, versteht sich. Luisa und Hugo zaubern Pastéis de Bacalhau, Pastéis de Legumes, gebratene Stückchen vom Huhn, Orangenkuchen, Pappbecher und ein Fläschchen Wein aus ihren Satteltaschen. Für eine ganze Armee, versteht sich. Ich schaue auf meine notdürftig in Küchenpapier eingewickelten Käsebrote, auf denen die von der Fahrt zermatschten Erdbeeren rote Flecken hinterlassen haben, und möchte vor Scham im Boden versinken.

Stattdessen wird getafelt und geplaudert, geplaudert und getafelt. Mir scheint, dass ich noch nie ein so schönes und entspanntes Picknick erlebt habe, und ich beginne mich zu fragen, ob es möglicherweise ein historischer Irrtum ist, dass das Dolce Vita von den Italienern erfunden wurde. Es müssen, da bin ich fast sicher, die Portugiesen gewesen sein, genauer gesagt: die Portugiesen, mit denen ich hier gerade sitze. Ewig soll er dauern, dieser Moment, und deshalb bannen wir ihn in ein Erinnerungsfoto – einmal mit, einmal ohne Fahrräder – wobei wir mehrere Anläufe nehmen müssen, bis Hugo schneller als sein Selbstauslöser ist. Und weil der Ort sich so stimmungsvoll zeigt, mit dem glitzernden Tejo und dem Torre de Belém im Hintergrund, beginnen meine sechs portugiesischen Begleiter, die ersten Sätze aus Camões' „Lusíadas" zu rezitieren, die sie alle in der Schule gelernt haben. Im Sprechchor. Für mich, die gerührt und mit hingebungsvoll schmelzenden Schoko-Mandel-Eiern in den Händen, lauscht. „As armas e os barões assinalados, / Que da ocidental praia Lusitana, / Por mares nunca de antes navegados, / Passaram ainda além da Taprobana ..." – „Die kriegerischen, kühnen Heldenscharen, / Vom Weststrand Lusitaniens ausgesandt, / Die auf den Meeren, nie zuvor befahren, / Sogar passierten Taprobanas Strand ..."

In Cascais sind wir nie angekommen. Aber es war ein herrlich fauler Ausflug. Am nächsten Tag hat Hugo mir die schönsten Erinnerungsfotos dieser Welt gemalt. Und die ersten Sätze von Camões' „Lusíadas" sowie die Entdeckung, dass Dolce Vita aus Portugal stammt, werden mir für immer ins Gedächtnis eingeschrieben sein.

Junho

Es RIECHT NACH FISCH – IN DER GANZEN STADT. Und ich stehe mittendrin und verkaufe ihn. Alles nur für ihn, für António.

António ist der Stadtheilige von Lissabon. Vor langer Zeit, im beginnenden 13. Jahrhundert, hatte er sich entschlossen, seiner adligen Familie den Rücken zu kehren und dem Orden des São Vicente da Fora beizutreten, jenem Orden, dessen zugehörige Kirche noch heute strahlend weiß, mit zwei stattlichen Türmen versehen, zwischen der Alfama und Graça aufragt. Dort hatte er sich zum Priester ausbilden lassen, von dort war er in die Welt, nach Marokko, gezogen, um Menschen zu seinem Glauben zu bekehren, war nach Italien gegangen, wo er seine Redekunst so charismatisch perfektionierte, dass ihm sogar die Fische zugehört haben sollen. Bis er irgendwann mit noch nicht einmal vierzig Jahren in Padua starb.

Jede Stadt in Portugal hat ihren Stadtheiligen, und deshalb feiert jede Stadt in Portugal einmal im Jahr ein Fest zu Ehren dieses Patrons. Außer António huldigt Lissabon auch noch João und Pedro und hat deshalb die Möglichkeit, quasi den ganzen Juni zum Fest zu erklären und sich einmal durch jedes Viertel hindurchzufeiern. Doch am wildesten geht es am 12. und 13. Juni zu, wenn Antónios Stunde schlägt und aus der Stadt ein einziger großer Partyraum wird. Überall werden gegrillte Sardinen und Bier verkauft, die Straßen sind so voll, dass man sich nur noch vorwärts schieben kann, wer seine Freunde nicht verliert, hat Glück, denn wenn sie verschütt gehen, hilft selbst das Telemóvel nicht – entweder hört man das Klingeln nicht oder versteht kein Wort von dem, was am anderen Ende gesagt wird.

Schon gestern Abend hat das Fest mit einer großen Parade auf der Avenida da Liberdade begonnen, mit den sogenannten „Marchas Populares", einer Erfindung der Dreißigerjahre. Neunzehn Viertel Lissabons, neunzehn Bairros, hatten sich seit Monaten auf das Ereignis vorbereitet, hatten sich Motti überlegt, Umzugswägen gezimmert, Kostüme genäht, Reime geschmiedet, Kompositionen geschrieben und Choreografien einstudiert. Ein bisschen wie der Karneval von Rio wirkte es, als die fantasievoll gestalteten Formationen an Marta, Jorge, mir, Tausenden anderer Schaulustiger und der gestrengen Jury vorüberzogen. Das Viertel Ajuda widmete seinen Beitrag dem Gründer der Stadt Lissabon, Odysseus, Alcântara dem Tejo und seinen Fischern, die Alfama der Klatschpresse, die Mouraria dem Fado, der in den vergangenen Monaten als frisch gebackenes Weltkulturerbe so viel von sich reden gemacht hatte. Farbenprächtig, glitzernd, bis in die letzte Pore hinein geschminkt, mit inniger Hingabe singend und spielend, tanzten sie an uns vorbei, die Viertelbewohner. Marta und ich gaben Prognosen ab, wer wohl gewinnen wird – alle empfanden wir sie als preisverdächtig. Mein Herz schlug am meisten für die blau-weiß gestreiften Alcântaristen mit Fischerstangen und Körben voll Salz auf dem Kopf, Marta favorisierte die in einem Look aus Zeitungspapier gekleideten Bewohner der Alfama, die Fensterrahmen vor sich her trugen, aus denen heraus sie die neuesten Gerüchte verbreiteten. Jorge enthielt sich eines Votums und sagte, wenn überhaupt, dann müssten wir doch für unser eigenes Viertel, Santa Engrácia, die Daumen drücken. Doch dann kam alles anders, denn die Jury stimmte mit 261 Punkten für Alto do Pina – allerdings, und da lagen Marta und ich mit unseren Voten gar nicht schlecht, dicht gefolgt von der Alfama auf dem zweiten und Alcântara auf dem dritten Platz. „A chegada dos ciganos", die Ankunft der Zigeuner im 19. Jahrhundert in Alto do Pina, war das Thema der Preisträger gewesen, und sie hatten die Nominierung sowohl für die beste Choreografie, die besten Kostüme und die besten Reime als auch für die beste Darbietung eingeheimst.

Mitgelaufen im Umzug waren auch die zwanzig Hochzeitspaare, die sich am Nachmittag in der Igreja de Santo António das Jawort gegeben hatten. Denn hier in Portugal fungiert António nicht nur als Schutzpatron der Stadt Lissabon im Besonderen, sondern auch als Hüter der Liebenden im Allgemeinen, weswegen es zu den Traditionen dazugehört, dass die Organisatoren der Festas unter zahlreichen Bewerbern die geeigneten Paare auswählen, um sie, gesponsert von honorigen Firmen und begleitet von Fernsehkameras und Zeitungsjournalisten, spektakulär unter die Haube zu bringen.

Doch das war nur der Auftakt. Denn heute, am 13. Juni, vollzieht sich das eigentliche Fest für António, in Form von Trink- und Essgelagen in den verschiedenen Vierteln der Altstadt, in Form von Musik und Tanz auf den Straßen und Plätzen bis in die tiefe Nacht hinein. Jeder, der an diesem Gelage teilhaben will, hat nicht nur die Möglichkeit, zu konsumieren, sondern kann auch vor seinem Haus einen kleinen Grill aufstellen, ein paar Sardinen drauflegen und sie verkaufen, ein paar Flaschen Bier in eine Kühltasche stecken, schreiend durch das Gedränge ziehen und die Pullen unter die durstigen Leute bringen, einen Kuchen backen und verticken oder einen kleinen Stand mit Ginja, dem Kirschlikör, eröffnen. Die Segurança Alimentar, der portugiesische Wirtschaftsprüfdienst, drückt an diesen Tagen ein Auge zu. Deshalb hatte Teresa mich gestern angerufen und gesagt: „Lass uns morgen Sardinen verkaufen." – „Sardinen verkaufen?" – „Ja, beim Fest!" Und da ich seit meinem Spaß mit dem Folklore-Tanz weiß, dass Teresa immer für eine Überraschung gut ist, habe ich mich darauf eingelassen, ohne weiter zu fragen.

Nun fahren wir also frühmorgens um sechs Uhr zum Mercado da Ribeira, der schönen alten Markthalle am Cais do Sodré, und obwohl Teresa und ich noch im Halbschlaf vor uns hin dämmern, brummt die Markthalle bereits vor Geschäftigkeit. In der Mitte preisen die Blumenhändler ihre Sträuße an, seitlich flankiert von den Obst- und Gemüseverkäufern. Jetzt, im Juni, duftet es überall nach frischen Feigen, die zu stattlichen Pyramiden aufgeschichtet sind. Dazwischen dunkelrote knackige Kirschen, saftige Melonen und noch immer, noch immer: Erdbeeren. Erdbeeren. Erdbeeren.

Rechts und links von dieser farbigen Mitte, an den Außenseiten, hat die Poesie jedoch ein Ende. Dort nämlich befinden sich die Stände mit Fleisch und Fisch, dort hängen aufgeschlitzte Schweinerücken und getrockneter Bacalhau, dort werden die Steaks zurechtgeklopft und die Kutteln gerührt. Wir trinken erst einen Kaffee in der kleinen Bar der Halle, ehe wir uns fürs Geschäftliche gewappnet fühlen. Und dann beginnen wir, an den Fischständen entlangzustreifen, schauen zu, wie die Tiere auf Eis gelegt oder ihre Bäuche mit Scheren und Messern aufgeschlitzt werden, vergleichen die Preise und kaufen schließlich bei einer Marktfrau, die neben ihren Fischen einen Kalender hängen hat, auf dem eine Fotomontage zu sehen ist: Angela Merkel hält Nicolas Sarkozy wie ein Baby auf dem Arm und gibt ihm das Fläschchen.

„Ich würde sagen, wir nehmen hundert", sagt Teresa. „Hundert? Bist du wahnsinnig? Was sollen wir denn mit hundert Sardinen anfangen?" – „Die gehen weg wie warme Semmeln, du wirst schon sehen." Also kaufen wir hundert Sardinen – Teresa hat den Preis noch fachmännisch heruntergehandelt, indem sie auf das Foto mit Merkel und Sarkozy gezeigt und darauf verwiesen hatte, dass wir im Zeitalter der Krise doch alle sparen müssen – und verstauen sie in zwei Kühltaschen, die Teresa von ihrer Mutter ausgeliehen hat. Hundert schwarz-silberne, glitschig-glatte Sardinen. Dann holen wir noch hundert Brötchen. Den Grill samt Holzkohle hat Teresa schon im Kofferraum des Autos deponiert.

Ab 12 Uhr sitzen wir am Largo da Graça, weil wir der Meinung sind, dass dies ein strategisch günstiger Punkt ist, bauen zwei Klappstühle und den kleinen Grill auf, schütten die Holzkohle hinein und heizen an. Wir legen die ersten fünf Sardinen auf den Rost, streuen ein bisschen Salz drüber, wenden sie und schon wenige Minuten später sind sie fertig. „Sardinhas assadas! Sardinjäsch ässädäsch!" Tatsächlich. Die ersten Käufer rücken an. „Was verlangen wir eigentlich dafür?", zische ich Teresa durch die Mundwinkel zu. „Zwei Euro." – „Dois? Não achas que é muito caro?" – „Nee, die kosten überall so viel." Also. Konzentrieren. Brötchen aufschneiden, Sardine vom Rost nehmen, ohne sich die Finger zu verbrennen, ins Brötchen legen, alles in die Serviette hinein, dem Gegenüber reichen, Geld entgegennehmen. Hat geklappt! Mein unternehmerischer Geist ist geweckt – auch wenn es sich hier nicht um eine Marktlücke handelt, denn es sind noch andere auf die Idee gekommen, auf dem Largo da Graça gegrillte Sardinen zu verkaufen. Überhaupt scheint das ganze Viertel zum Grill mutiert zu sein. Aber noch läuft das Geschäft gut, die Leute haben Hunger und deshalb werfen wir die nächsten Fische auf den Rost.

Im Gegensatz zum Bacalhau, dem ich noch immer eher distanziert gegenüberstehe, habe ich die gegrillten Sardinen Portugals von Anfang an gemocht. Sie sind unspektakulär und unprätentiös, werden im Restaurant einfach in Oliven-öl gebraten und mit ein paar gekochten Kartoffeln und Salat serviert. Man kann sie mit oder ohne Haut essen, wie es gefällt – was wir nun auch den beiden holländischen Touristen sagen, die bei uns eine Sardine kaufen. Teresa und ich produzieren im Akkord, sind ein perfekt rotierendes Fließband. Zwei Stunden später sind fünfzig Sardinen weg. Es wird das Geschäft unseres Lebens, so viel steht fest. Und deshalb sind wir großzügig, wenn wieder ein paar Kinder an uns vorüberziehen und uns um Kleingeld für Süßigkeiten anhauen – ebenfalls im Dienste des Santo António.

Doch nun stagniert die Konjunktur. Neben uns haben drei Leute einen Stand mit Entremeadas eröffnet, fettigen Speckscheiben, im Brötchen angereicht – harte Konkurrenz in unmittelbarer Nachbarschaft. Außerdem ist das Gedränge so dicht geworden, dass uns niemand mehr sehen kann. Also ein bisschen pausieren und einfach genießen. Ich würde jetzt gerne ein Bier holen, aber der Zeitpunkt ist schlecht, es könnte Stunden dauern, bis ich die zwanzig Meter zum nächsten Bierstand bewältigt hätte. Tiago und Joana haben vor einer halben Stunde angerufen, um vorbeizuschauen – bisher habe ich sie nicht gesehen. Ich fürchte, sie kommen einfach nicht durch die Massen hindurch. Also essen wir, denn wir wissen noch gar nicht, wie unsere Sardinen eigentlich schmecken. „Muito bom." – „Sim, saboroso, schmack-haft." – „Podes dar-me mais uma. Gib mir noch eine."

Da, eine Gruppe Senioren hat Hunger, wir sind gefragt. Weitere zehn gehen weg – aber dafür sind inzwischen auch noch einmal zwei Stunden vergangen. Ich fange an, müde zu werden. Es liegen aber noch immer 37 Stück Fisch neben uns. „Was machen wir eigentlich mit den Viechern, wenn wir sie nicht loskriegen?" – „Selber essen", sagt Teresa und schiebt sich noch eine Sardine in den Mund. „Vielleicht sollten wir mit dem Preis runtergehen?" – „Sardinhas no pão, sardinhas no pão! Um Euro e cinquenta por uma!" Weitere zehn gehen weg. Trotzdem kann ich langsam keinen Fisch mehr riechen, und selbst Teresa verliert ihren unternehmerischen Geist. „Ich will runter zum Fluss, in zwei Stunden gibt's Feuerwerk." Wir öffnen den Deckel der Kühltasche und zählen noch einmal nach: 26 Fische starren uns an, mit toten Augen und stummem Mund. „Noch mal den Preis senken?" – „Sim, boa ideia." – „Sardinhas assadas, um Euro, só um Euro!" Wenn das kein Angebot ist! In der nächsten halben Stunde verkaufen wir weitere zehn. Dann endlich trudeln Tiago und Joana ein, die jeweils zwei Fischlein samt Brot essen. Bleiben zwölf. „Komm, ich hab keine Lust mehr, die restlichen schenken wir der Konkurrenz." – „Nee, kommt gar nicht infrage", sagt Teresa. „Die kriegen die Katzen!"

Auf der Toilette der Pastelaria „Estrela da Graça" zählen wir unsere Einnahmen nach: Wir haben – abzüglich der Ausgaben – knapp 70 Euro verdient. Gar nicht schlecht. Das hauen wir jetzt auf den Kopf – alles für António, versteht sich.

✳ ✳ ✳

Wir haben furchtbar viel getrunken in dieser Nacht, Teresa, Joana, Tiago, ich und die anderen, die nach und nach dazustießen. Erst tranken wir Bier in der Alfama, wo es so voll war, dass wir die eigenen Füße am Boden nicht sehen konnten, dann zogen wir weiter auf den Praça do Comércio und von dort aus, nach Stunden des Herumtreibens, spülten uns die Menschenmengen weiter, bis wir schließlich unsere gesamten Sardinen-Einnahmen für Caipirinha verkloppten:

in der „Pensão d'Amor", einem ehemaligen Bordell am Cais do Sodré, das jetzt als Ausstellungsort und ungewöhnliche Kneipe dient. Noch immer versprechen im Treppenaufgang Frauen mit gespreizten Beinen, die Ricarda oder Laura heißen, ein „Erlebnis der besonderen Art" – doch nur noch in Form von Graffitis an den Wänden: „Lídia, a Perfídia" lächelt vollbusig und verschlagen, „Alícia, Rainha da Malícia" trägt als Königin des Schlechten die perversen Gedanken schon im Blick. Solchermaßen in die erste Etage begleitet, wartet ein gemütliches Wohnzimmer mit anzüglichen roten Wänden und frivolen Plüschsesseln, in denen man stundenlang versinken kann, während Fotos von nackten Frauen aller Jahrhunderte auf die Kneipengäste herabschauen, Chill-Musik erklingt und all die Menschen sich versammeln, die sich in Lissabon gerne die Nacht um die Ohren schlagen. Zum Beispiel bis vier Uhr morgens. So lange jedenfalls plauderten wir über den Sinn von Heiligen, darüber, was Santo António den Fischen denn eigentlich gepredigt hat und ob wohl auch unsere Sardinen die Predigt gehört haben, ehe sie auf dem Grill landeten. Doch irgendwann schlug der Caipirinha dermaßen bei mir ein, dass sich der Plüschsessel in der „Pensão d'Amor" in ein wogendes Schiff verwandelte und ich mich mit den letzten zehn Euro in ein Taxi setzte und nach Graça bringen ließ – wobei selbst um diese Uhrzeit der Weg zum Taxistand ein langwieriger war, weil sich in den Straßen noch immer die Menschen drängten.

Die Portugiesen sind sehr zivilisierte Autofahrer, und man kann sich darauf verlassen, dass sie am Zebrastreifen auch wirklich anhalten. Die Einzigen, die sich – wie immer und in jeder anderen Stadt dieser Welt auch – nur zähneknirschend anpassen, sind die Taxifahrer, hier in Lissabon auch „Fogeiras", Heizer, genannt. Wenn man sich außerhalb des Taxis befindet, kann es sehr unangenehm sein, einem Fogeira zu begegnen – nicht aber, wenn man drinnen sitzt. Drinnen ist es ein Fest. Ich bin in Lissabon nicht oft Taxi gefahren, aber wenn, dann war die Fahrt immer eine Fundgrube an Inspiration. Atemberaubend schnell und irgendwie priviligiert wird man nach Hause gebracht und dabei blendend unterhalten. Erfreut der Taxista sich guter Laune, sind seine Theorien über Fußball oder Politik unschlagbar. Beuteln ihn allerdings die schlechte Laune und der schlechte Verkehr, dann hat man das Millionenlos gezogen. Denn dann erhält man Zugang zum Allerheiligsten: zum Gral der Schimpfworte.

Heute Nacht jedoch war alles anders. Heute Nacht war ich ins Taxi gestiegen und am Steuer hatte mich nicht ein bierbäuchiger Taxista in Lederjacke erwartet, der die Sportzeitung „A Bola" zuklappte und die Zigarette aus dem Fenster warf. Sondern ein Herr von etwa achtzig Jahren – im dunkelgrauen Anzug und blütenweißen Hemd samt Krawatte. Einzig die Manschettenknöpfe fehlten. Ich war noch einmal kurz ausgestiegen, um mich mit einem Blick auf das Autodach zu vergewissern, dass ich das Taxischild nicht halluziniert hatte und versehentlich in die Karosse des Premierministers geraten war, dann ließ ich mich ins Auto zurückfallen, nannte dem Herrn meine Adresse und versuchte, meine Caipirinha-Fahne wieder einzuatmen, die sich beschämend direkt und beschämend geschmacklos über die Ledersitze legte. Der Herr hatte schweigend genickt und sich und das Taxi in Bewegung gesetzt. Mit einer Langsamkeit, die die Zeit zu untergraben schien, rollten wir Meter für Meter voran. Vielleicht blieben wir auch stehen, und die Stadt glitt nur deshalb bedächtig an uns vorbei, weil die Erde beharrlich das tat, was sie am besten kann: sich drehen. Irgendwo in den Tiefen des Handschuhfachs schellte ein

Handy, das seit Jahren von meinem Taxista ignoriert worden schien und deshalb heiser klang. Mich durchzuckte der Gedanke, versehentlich in ein Begräbnisauto geraten zu sein, denn es wirkte, als sei dieser Herr auf dem Weg zu seiner eigenen Beerdigung. Vielleicht war er aber auch einfach aus der Zeit gefallen und arbeitete normalerweise als Kutscher für den letzten portugiesischen König, Dom Manuel II., o Patriota oder für dessen Vater, Dom Carlo I., o Diplomata. Dann, erschöpft von so viel Spekulation, nickte ich kurz weg, und als ich wieder aufwachte, waren wir immerhin bis zum Terreiro do Paço vorgedrungen. Nun war ich sicher, in einen Film geraten zu sein. Jim Jarmusch dreht eine neue Episode für „Night on Earth", dachte ich, und er hat sie wirklich gut imaginiert, diese einzig wahre Szenerie für eine Taxifahrt durch das nächtliche Lissabon: der Fahrer eine Ausgeburt an majestätischer Zeitlupe und schweigender Dezenz, die Pointe des Drehbuchs ist klar – der Mann schläft am eigenen Steuer ein. Als habe er meine Gedanken erraten, kam nun doch noch ein bisschen Leben in den Taxista, der vielleicht auch einmal, vor langer, langer Zeit, ein feuriger Fogeira gewesen war. Nahe dem Bahnhof Santa Apolónia schnitt ihm ein anderes Auto die Vorfahrt ab. Ganz leise, quasi unhörbar, als würde er ein Gebet mit „Amen" beenden, englitt ihm ein „filho da puta". Hurensohn. Nun wurde auch ich vor Aufregung wieder wach. Endlich. Ein Hoch auf Lissabons Zunft der Taxifahrer! Also weiter, vamos lá: In der Rua do Vale do São António wankte uns ein Besoffener in den Weg und ich musste alle Sensoren ausfahren, denn es glich einem Lufthauch, aber ich hörte es: „Vai-te foder – F... dich!" Und als wir schon fast an der Haustür angekommen waren, hatte sich eine Gruppe Jugendlicher mitten auf der Rua do Washington festgequatscht, woraufhin ihm ein „Vai para o caralho!" entfuhr –

ein Ausdruck, der besser unübersetzt bleibt. Ich bezahlte ihn mit Vergnügen, diesen einzig wahren Taxifahrer von Lissabon, dieses Exemplar, das die Stadt am allerbesten repräsentiert. Und, nein, ich habe das nicht geträumt, auch wenn ich, wie schon gesagt, sehr, sehr betrunken war nach diesem wunderbaren Fest des Heiligen António.

Der Schädel brummt mir jedenfalls noch immer, als ich jetzt, nach einigen Stunden komatösen Schlafs, bei Victor vorbeischaue. Er ist gerade damit beschäftigt, ein Geschenk zum dritten Geburtstag seiner Enkeltochter zum Paket zu schnüren. Voller Stolz zeigt er mir, was er erstanden hat: eine Puppe, die Portugiesisch sprechen kann, denn die kleine Carolina soll auch drüben in Amerika, in den schrecklichen und von Victor so verhassten Estados Unidos, Portugiesisch lernen. „Aber redet denn dein Sohn nicht Portugiesisch mit dem Kind?", frage ich. „Sollte er", grollt Victor, „sollte er, aber ich glaube, er tut es nicht." Drückt man der Puppe auf den Bauch, fragt sie mit Roboterstimme: „Queres brincar comigo? – Willst du mit mir spielen?" Und wenn man noch einmal drückt, stellt die Puppe Aufgaben – dann muss man Symbole, die auf das T-Shirt der Puppe aufgedruckt sind, finden. „Procura a estrela vermelha. Suche den roten Stern." Oder: „Procura o número 8." Die Puppe kann aber auch Musik machen, sie kann zum Beispiel „Happy Birthday" auf Portugiesisch singen – was lange dauern kann, denn das portugiesische Happy Birthday begnügt sich nicht mit einer Strophe, die sich immer und immer wiederholt, sondern hat unendlich viele. „Parabéns a você, Nesta data querida. Muitas felicidades, Muitos anos de vida. / Hoje é dia de festa, Cantam as nossas almas. Para o/a menino/a,

Uma salva de palmas", plärrt es blechern – Herzlichen Glückwunsch zu diesem schönen Tag, viel Glück und viele Lebensjahre. / Heute ist ein Festtag, unsere Seelen singen. Für den Kleinen/die Kleine ein Applaus!

Victor und ich probieren alle Funktionen durch, und ich mache Witze, dass die Puppe die wichtigsten Phrasen nicht kenne, nämlich „Não é simpatico" und „Caramba!". Und dann beiße ich mir auf die Zunge, denn es zerreißt mir sowieso schon das Herz, dass Victor seinem Enkelkind nicht selber Portugiesisch beibringen kann. Dass er seine Carolina immer nur einmal pro Woche sieht, wenn er zum Skypen ein paar Straßen weiter in das Internetgeschäft des netten Inders geht. Der Sohn kann nicht nach Portugal kommen, weil er noch keine Green Card hat und die Ausreise zu riskant wäre. Victor kann den Laden nicht einfach zwei Wochen schließen, hat Angst vorm Fliegen, und außerdem mag er, wie wir bereits wissen, Amerika nicht leiden. Weil es ihm das Enkelkind zwar geschenkt, aber auch gleichzeitig weggenommen hat.

Ich erzähle Victor von meinen Erlebnissen bei den Festas de Santo António und frage ihn, ob er auch unterwegs war, aber er wird traurig und sagt, dass er seit dem Tod seiner Frau nicht mehr so gerne auf die Festas geht. „Zu viele Erinnerungen." Noch nie hat Victor über seine Frau geredet und auch jetzt sehe ich, dass er sich zurückziehen will – aber dann beginnt er doch zu erzählen.

„Weißt du, auf den Festas habe ich mich in sie verliebt." Mit zwanzig hat er sie kennengelernt, als er noch als Schalterbeamter auf der Bank gearbeitet hat und sie regelmäßig zum Geldabheben kam. „Sie hat immer so freundlich gelächelt und eines Tages, am 12. Juni vor 47 Jahren, hab ich all meinen Mut zusammengenommen und sie gefragt, ob sie mit mir zum Fest des António mitkommen will", erinnert sich Victor und schichtet die Salatköpfe neu. „Natürlich war das damals nicht einfach so möglich, sich zu zweit zu verabreden, die Zeiten waren sehr konservativ. Bei euch in Deutschland stand die sexuelle Revolution bevor, und bei uns unter Salazar durfte eine Frau noch nicht einmal verreisen, ohne vorher die schriftliche Erlaubnis von ihrem Vater oder ihrem Ehemann einzuholen." Also mussten beim Rendezvous noch eine Karosserie von Freundinnen ihrerseits und eine Armee von Freunden seinerseits mitkommen. Als Aufpasser. „Wir haben trotzdem den ganzen Abend zusammen getanzt. Ich war sofort bis über beide Ohren verliebt, Caramba, uma mulher extraordinária!" Seine Frau sei schon damals etwas Besonderes gewesen, habe sich den reaktionären Geschlechterregeln des Estado Novo widersetzt, indem sie das Elternhaus an der Algarve verlassen habe und zu ihrer Tante nach Lissabon gezogen sei, um an der dortigen Universität zu studieren – noch dazu Ingenieurswesen! „Sie war eine der wenigen Frauen unter vielen Männern. Jedenfalls habe ich irgendwann ganz seriös bei den Eltern um ihre Hand angehalten, wir haben geheiratet und sind in die Wohnung nach Graça gezogen, in der ich immer noch lebe." Sie habe ihren Sohn sehr spät bekommen, ungewöhnlich für die damaligen Verhältnisse, in denen die Frau doch in erster Linie als Gebärmaschine und Mutter gesehen worden sei. „Indirekt hat sie gegen die Doktrin des Regimes protestiert, indem sie erst in den Beruf ging und als Ingenieurin gearbeitet hat."

„Wir haben aufeinander aufgepasst, wie sich das für gute Eheleute gehört, haben alle Höhen und Tiefen zusammen durchlebt. Und wir sind jedes Jahr zusammen zum Umzug gegangen. Es war unser Jahrestag. Bis vor vier Jahren. Da kam die Diagnose. Darmkrebs." Ich solle mich glücklich schätzen, so Victor, dass das Gesundheitssystem in Deutschland so gut funktioniere, denn ich könne mir gar nicht vorstellen, was seine Frau und er erlebt hätten. Wie viel Zeit verstrichen sei, bis es von der Diagnose zur Behandlung gekommen sei. „Wahrscheinlich war für die Ärzte bereits klar, dass sie keine Chance mehr hat – die Metastasen waren schon überall, eine Operation machte keinen Sinn mehr. Sie haben direkt zur Chemotherapie geraten, aber bis sie damit endlich angefangen haben, ist viel zu viel Zeit vergangen." Victors Hände graben sich in die Zucchini. „Und wie viel Eigenbeiträge wir bezahlen mussten! Jetzt, mit der Wirtschaftskrise, wird es noch schlimmer. Jeder einzelne Arztbesuch kostet, sogar wenn du nur ein Rezept abholst oder einen Verband wechseln lässt. Was glaubst du, wie viele alte Menschen mit ihren kleinen Renten es sich bald nicht mehr werden leisten können, zum Arzt zu gehen?" Und dann hält er inne, bevor die Wut ihn wegreißt – und bekennt nach einer langen Pause, dass es eben einfacher ist, sich über das Gesundheitssystem aufzuregen, als die Trauer auszuhalten. „Weißt du, sie hätte vermutlich auch in Deutschland nicht überlebt. Der Krebs war einfach schon zu weit fortgeschritten. Sechs Monate nach der Diagnose ist sie gestorben, die Geburt ihres Enkelkindes hat sie nicht mehr erlebt. Und dabei habe ich immer gedacht, dass ich derjenige sein würde, der zuerst gehen wird."

Das Gemüse liegt nun fein geordnet, es hat genauso stumm und traurig zugehört wie ich. Victor muss den Laden wieder aufschließen, weil die Mittagspause vorbei ist. Und ich bringe das Paket mit der Puppe, die Portugiesisch sprechen kann, zur Post.

Julho

JEDER METER AN FORTBEWEGUNG WIRD ZUR HERAUS-
FORDERUNG. Das Licht gleißt, die Luft flirrt, die Stadt kocht.
Ich warte darauf, dass der Asphalt ebenso zerfließt wie ich,
und erinnere mich daran, was mir eine italienische Eras-
mus-Studentin in den ersten Wochen meines Aufenthaltes
neidvoll verraten hatte: „Ob du es glaubst oder nicht: Die
Portugiesinnen schwitzen nicht." In der Tat, sie schwitzen
nicht, denn sie haben freundlicherweise all ihren Schweiß
mir überlassen. Immerhin tröstet es, dass unser neuer schwe-
discher Praktikant ein Handtuch über den Schultern trägt,
um sich regelmäßig das Gesicht trocken wischen zu können – auch wenn er sich dafür den Spott von Tiago einfan-
gen muss: „Ich weiß gar nicht, was du hast! Für mich ist
alles kalt, was sich unter 35 Grad abspielt."

Ausnahmezustand also heißt der Juli in Lissabon. Die
Konversation, die ich im Winter über die Kälte erlebt habe,
kehrt sich nun einfach um. „Uuuuh, que calor!", stöhnt man
beim Schwätzchen auf der Straße, welche Hitze! Wer nun
Urlaub hat, verlässt die Stadt, wobei die Portugiesen selten
außer Landes reisen, maximal bis Spanien fahren, sondern
sich lieber in Portugal erholen. Sich an der Westküste auf
einem Campingplatz einrichten oder in die Berge fahren, in
die Serra da Estrela beispielsweise, wo es im Winter schneit
und deshalb auch im Sommer nicht so brütend heiß wird.
Und wer gar nicht wegkommt, hat wenigstens die Möglichkeit, sonntags an die Praia da Caparica zu fahren, an den
Hausstrand der Lissaboner, der vor Menschen überquillt.

✳ ✳ ✳

Auch ich bekomme eine Woche Urlaub und fahre mit Tiago Richtung Algarve, um seine Großmutter zu besuchen, die in der Nähe der spanischen Grenze lebt. Wir nehmen den Autocarro Richtung Süden, rollen durch den Alentejo, das wunderschöne Gebiet „jenseits des Tejo", mit seinen sanften Hügeln und den Plantagen aus Korkeichen, zu denen sich jetzt im Sommer Sonnenblumen gesellen, steigen in Faro um, fahren bis Tavira weiter und von dort aus wieder ein Stückchen nördlich ins Land hinein.

Am Abend, die Sonne geht schon unter, kommen wir in dem kleinen Dörfchen an, in dem sich Fuchs und Hase „a raposa e o coelho", gute Nacht sagen. Tiagos Großmutter, eine kleine, agile siebzigjährige Dame mit weißem Haar, die sich mir als Fernanda vorstellt und mich gleich zum Duzen auffordert, lebt alleine – der Mann ist vor ein paar Jahren verstorben – in einem alten Steinhäuschen. „Hat mein Großvater selbst gebaut", erzählt mir Tiago. „Schau dir die Wände an: unten ganz dick und nach oben hin verjüngend. Das ist stabil." Und das dämmt, denn trotz der Hitze ist es angenehm kühl im Haus. Hinter dem Haus gackern ein paar Hühner und eine Gans. Dazwischen rüsselt ein Schwein in der trockenen Erde. Idylle, wohin das Auge reicht.

Auf der blau-weiß karierten Wachstuchtischdecke am Küchentisch bekommen wir ein Süppchen serviert und dazu ein Bier, das Doña Fernanda extra für uns kalt gestellt hat. Sie tätschelt Tiago die Wange und behauptet, er sei seit dem letzten Besuch noch einmal gewachsen. Schon immer habe sie gewusst, dass aus ihm ein Maler werden würde, weil er als Kind nie die Buntstifte aus der Hand gelegt hat. Und ob er sich noch erinnere, damals, bei seiner Erstkommunion, als er die Kerze hat fallen lassen? Oder daran, wie er als Kind vom Esel gestürzt ist? Oder wie er so lange geschrien hat, bis die Eltern den verletzten Stieglitz, den er im Garten gefunden hat, mit nach Hause genommen haben – „und zu Hause haben wir ihn tatsächlich mit der Pipette großgezogen und er war so zahm, dass er uns auf der Schulter saß", ergänzt Tiago triumphierend. Als es fast Mitternacht ist, zeigt Doña Fernanda mir das Zimmerchen, in dem ich übernachten darf. Ganz klein, einzig und allein ein alter Holzschrank, ein altes Bett und ein Stuhl darin. „Hier hat früher meine Tochter, Tiagos Mutter, geschlafen", erzählt mir Doña Fernanda, während sie Bettwäsche aus dem Schrank holt. „Und meine beiden Söhne haben sich das größere Zimmer nebenan geteilt." Nun beziehen wir gemeinsam das Bett, Tiagos Großmutter und ich. Und es ist gut, dass wir das gemeinsam tun, denn um in Portugal Betten zu beziehen, sollte man über ein Diplom verfügen. Nicht nur auf dem Land. Auch aus Martas Lissaboner Haushalt weiß ich, dass Bettenbeziehen ein Ritual sein kann, das so heilig ist, dass Reformvorschläge einer stillosen Estrangeira, die meint, es sei mit einem Spannbetttuch und einer Daunendecke getan, so entsetzt abgeschmettert werden, als nähere sich der Teufel dem Weihwasserbecken.

Konzentration also, denn Doña Fernanda eröffnet das Ritual. Erst spannt sie das Leintuch auf, blütenweiß und frisch gestärkt, schlägt alle Ränder sorgsam unter die Matratze und streicht sie so lange glatt, bis keine Falte mehr zu sehen ist. Dann legt sie ein zweites Laken mit schöner, selbstgestickter Spitzenbordüre darüber und knüpft zwei Knoten in die unteren beiden Ecken, ehe sie sie ebenfalls unter die Matratze schiebt. Es folgt eine Wolldecke, die jetzt im Sommer dünn ist, im Winter aber durch mindestens fünf weitere „aufgestockt" werden kann, was die Sache zwar wärmer, aber auch komplizierter macht. Und zu guter Letzt wird das Werk mit einer weiteren Decke vollendet, die einzig und allein dekorative Funktion hat, weswegen ich sie Schmuckdecke taufe. Abschließend klappt Fernanda die Spitzenbordüre über das komplexe Gewebe, stopft noch einmal sorgfältig alle Ränder dieser Welt unter die Matratze und: „Pronto. Fertig."

Das Bett liegt so wunderschön und vielschichtig da wie ein frisch gebackenes Blätterteigtörtchen, und ich frage mich, ob ich mich überhaupt trauen werde, es zu benutzen. Denn ich weiß, dass ich es unwiderruflich ruinieren werde: Meine Beine werden sich irgendwann eingesperrt fühlen in dem strammen Gewebe aus Textil, werden sich in somnambulen Befreiungsschlägen den Weg nach draußen verschaffen, dabei auch die Decken aus ihrer Gefangenschaft reißen, welche entweder die Flucht gen Boden suchen oder sich ängstlich am Fußende zusammenknautschen werden ... Bedauerlicherweise genügt das Wissen, wie ein portugiesisches Bett bezogen wird, nicht, nein, man braucht auch die Fähigkeit, darin schlafen zu können. Doña Fernanda tätschelt mir kurz die Wange, als erahne sie meine inneren Nöte, wünscht mir eine gute Nacht und verabschiedet sich mit den Worten „Amanhã vamos matar o porco, está bem?" – „Está bem", lächle ich ihr zu und sage ebenfalls: „Boa noite."

Aber was hat sie da gerade über das Schwein gesagt? „Amanhã vamos matar ..." Wie eine Phantasmagorie steigt eine Erinnerung in meinem Kopf auf, eine Erinnerung an eine Szene, die sich vor ein paar Wochen abgespielt haben mag. Damals hatte ich mit Joana und Tiago Alheiras gegessen, eine portugiesische Spezialität: dicke, massige Würste, die aus geräuchertem Fleisch unterschiedlichster Provenienz hergestellt werden, das zu Brei verarbeitet, mit Brot vermischt und dann zu einer Wurst geformt wird. Gebraten und mit Gemüse samt Spiegelei serviert, ist diese Mahlzeit so üppig, dass ein Kaffee danach nicht ausreicht, sondern es einen Schnaps braucht, damit der Magen seine Chance auf eine Zukunft bewahren kann. Während ich die Alheiras verzehrte – wohlgemerkt: während –, entspann sich zwischen Joana und Tiago eine Diskussion über die genaueren Ingredienzen unserer Mahlzeit, die meinem Apetitt enorm förderlich war:

Joana: „Nee, die Haut außenrum, das sind nicht die echten Gedärme." – Tiago: „Doch, klar, jeder Zentimeter von dem Vieh wird doch verwendet, das sind die echten Gedärme." – Joana: „Bist du sicher?" – Tiago: „Ja, ich bin Profi, als Kind hab ich meiner Oma immer dabei zugeguckt, wie sie das gemacht hat. Vom Schlachten bis hin zur fertigen Wurst. Und der beste Teil der Show war jedes Mal, wenn sie mit den Därmen zum Bach gegangen ist, um die Scheiße rauszuwaschen: Sie hat den Kram auf einen Stein gelegt und die Kacke nach und nach rausgestrichen. Eine richtige Fleißarbeit. Und dann kam genau in diese leckeren frisch gewaschenen Säckchen die Fleischmasse rein."

„Amanhã vamos matar o porco, está bem?" Oh. Mein. Gott. „Tiagooooooo!!!!"

Am nächsten Morgen schreit auch das Schwein. Noch am Abend hatte ich mir Tiago vorgeknöpft: Ob es sein Ernst sei, mich ausgerechnet am Schlachttag hierher zu bringen? Lässiges Schulterzucken von Tiagos Seite: Seine Großmutter brauche nun mal Hilfe beim Schlachten, die Nachbarn seien zwar auch mit von der Partie, aber es sei der Oma schon lieber, wenn noch jemand von der Familie helfe. Außerdem würde ich doch selber Unmengen an Fleisch konsumieren und immer davon schwärmen, wie gut und „quasi homemade" das Essen in Portugal schmecke – homemade beginne aber beim Schlachten. Und von alledem abgesehen sei das eine archaische Performance, die sich ein kulturell interessierter, theatralisch denkender Mensch wie ich auf keinen Fall entgehen lassen dürfe – noch dazu „Made in Portugal." Ich schenkte Tiago einen Blick, der den Inhalt seiner Adern zu Blutwurst gerinnen ließ und beschloss, mir ein einziges Mal in meinem Leben eine Schlachtung anzutun – und zwar ausschließlich, um der liebenswürdigen Doña Fernanda zu helfen – und danach Vegetarierin zu werden.

Deshalb also stehe ich nun morgens um sechs Uhr im Stall des Nachbarn, schaue zu, wie Doña Fernandas armes Schwein geschlachtet wird – und versuche, dabei irgendwie hilfreich zu sein, obwohl mir die Tränen in die Augen schießen. Ein Stich in den Hals des Schweins – ein Stich in mein Herz. Das Blut des Schweines wird in einer Schüssel aufgefangen – meine Seele blutet mit. Der Darm wird herausgenommen und in einen Eimer gelegt – mir drehen sich die Eingeweide um. Alle Organe werden „geborgen", die Leber, die Nieren, die Milz – ich fühle mich schwächer und schwächer. Dann wird der Brustkorb gebrochen und das Schwein in der Mitte aufgeschlitzt, die Rippen werden herausgenommen, die Beine abgeschnitten, die Nase, die Ohren, die Zunge. „Wird alles gegessen", meint Tiago lapidar. Und während die Männer das Tier nach und nach zerkleinern und die Teile in die Kühltruhe oder in die Räucherkammer bringen, fangen die Frauen in der Küche an, das Essen zuzubereiten.

Bald duftet es im ganzen Haus. Meine Erstarrung löst sich, und ich konzentriere mich darauf, Tische im Garten aufzubauen, Tischdecken auszubreiten, Teller, Gläser, Wein zu richten. Ich helfe Doña Fernanda dabei, Brot zu schneiden und Salat zu machen – bis sich alle, die an der Schlachtung beteiligt waren, zum Essen versammeln. Mehrfach schlucke ich, als mir das Fleisch auf den Teller gelegt wird. „Chega, chega. Das reicht." Aber ich weiß, dass ich nun kein

Spielverderber sein darf. Ich probiere kleine Stückchen – und lasse jeden zweiten Bissen unauffällig unter den Tisch fallen, wo der Hund ebenfalls ein Fest feiert. „Estás a gostar?", fragt mich Doña Fernanda? – „Sim, sim, delicioso!", antworte ich und spüle schnell mit Vinho tinto nach.

Wen wundert's, dass ich in jener Nacht davon geträumt habe, wie sich weiße Bettlaken aus gehäkelter Spitze rot von Blut färben. Und ich schwöre: Seit diesem Tag habe ich kein Stück Fleisch mehr angerührt.

✳ ✳ ✳

Abgesehen von der Suche nach den blutig-archaischen Seiten Portugals haben wir eine schöne Woche in der Algarve verbracht. Wir haben eine Radtour durch die Felder unternommen, vorbei an Orangen-, Zitronen- und Carobbäumen, vorbei an Quintas und bellenden Hofhunden. Haben uns Tavira angesehen, das hübsche kleine Städtchen mitsamt seinem Fischerviertel. Sind einen Tag ans Meer gefahren, haben uns zwischen die Horden von Touristen in die Sonne gelegt und das Meer, das hier so ruhig wie ein See ist, betrachtet – aber auch die großen Hotelkomplexe, in denen die Touristenmassen sich nachts aufhalten und mit denen der Charme der Algarve für immer zerstört ist. Wir haben Orte aus Tiagos Kindheits-Sommerferien aufgesucht – „Diesen Baum hier habe ich gepflanzt, da war ich sieben. Schau, wie groß er jetzt ist!" –, haben abends mit Tiagos Großmutter im Garten gesessen und Karten gespielt. Und wir haben sie fotografiert, obwohl sie sich mit den Worten wehrte: „Ich bin nicht mehr hübsch, habe keine Zähne mehr, nur noch Falten." Wunderschöne Erinnerungsfotos sind es geworden von Doña Fernanda und ihren Hühnern – den Hühnern, die nun ohne Schwein leben.

Jetzt bin ich wieder in der Zivilisation, zurück im brütend heißen Lissabon. Der einzige Ort, an dem es kühl ist, ist der Palast, dessen dicke Mauern nicht einmal im Sommer die Hitze gestatten. Heute wird es sogar noch schattiger, denn wir bauen eine Dunkelkammer für eine Masterclass, die in den kommenden zwei Tagen unter Anleitung eines brasilianischen Fotografen, Marcio, stattfinden soll. In einem Saal des Kellers, der direkten Zugang zum Garten hat, hängen wir die Fenster mit dickem schwarzen Molton ab, bis kein Fünkchen Licht mehr Zugang findet, und bauen einen großen Tisch auf, auf dem alle nötigen Chemikalien und Hilfsmittel ausgebreitet werden. Marcio will sich in seinem Workshop einer historischen Methode widmen, dem „Colódio", dem Kollodium-Nassverfahren aus dem 19. Jahrhundert. Die Kameras, die er verwendet, sind zwar neu, die Vorgehensweise aber nicht. Glasplatten werden gereinigt, mit Kollodium befeuchtet, in eine Silbernitratlösung gegeben und in die Kamera gesteckt. Dann muss schnell fotografiert werden – solange die Platte feucht ist. Also ab in den Garten, Porträts schießen von den Kollegen vor den Ulmen, der Fontäne und dem halb zerbrochenen Brunnen oder vor den pastoralen, blau-weißen Azulejos. Und dann zurück in die Dunkelkammer, um die Fotos zu entwickeln. Die Ergebnisse sind verblüffend: Die Gesichter wirken sehr weich, die Übergänge in den Konturen sind fließend, die Ränder auch. Die Bilder sehen aus, als seien sie ein wenig verschmutzt. Und irgendwie vergilbt. Eben so, als stammten die Menschen, die darauf zu sehen sind, aus früheren Zeiten.

Mitten in die Kollodium-Wannen und unsere konzentrierte Dunkelkammer-Atmosphäre hinein schwappt plötzlich das Gerücht, dass sich in den beiden oberen Stockwerken gerade ein Millionär die neue Ausstellung anschaut, die wir vor vier Wochen eröffnet haben. Unseren neugierig zum Spionieren herangeeilten Blicken kann der vermeintliche Krösus nicht standhalten, viel zu unscheinbar kommt er daher, doch der Chef ist überzeugt davon, dass gerade viel Geld und somit ein potenzieller Kunstkäufer durch die Säle streift. Per Flüsterpost trägt sich also von Mitarbeiter zu Mitarbeiter, dass wir möglichst zuvorkommend zu dem Herrn sein sollen, weswegen wir sofort zur Stelle sind, wenn er eine Frage zu den Werken hat, gerne und freundlich Auskunft geben, ihm jeden Wunsch von den Augen ablesen, während er sich die Bücher auf dem Büchertisch anschaut, alle gemeinsam die Daumen drücken, als er sich lange mit dem Chef unterhält. Und schließlich Luftsprünge machen, als er tatsächlich zwei Arbeiten kauft – eine davon von Marcio, dem brasilianischen Fotografen, der vor Freude strahlt, ehe er wieder vom Schwarz seiner frisch gebauten Dunkelkammer verschluckt wird.

Wenige Tage später sehe ich den Millionär wieder. Leider nur im Vorübergehen, nahe des Teatro da Trindade im Chiado, das, changierend zwischen Pink und Karmesinrot, die Fensterrahmen weiß, aus der Häuserfassade heraussticht. Am heutigen Sonntagnachmittag will ich mir eine Tanzperformance anschauen – in der kleinen Black Box des Theaters, die als Labor für experimentelle Versuche junger Künstler dient.

Das Foyer empfängt mich mit hellblauen Wänden, goldenen Ornamenten und herrlich geschwungenen Treppen. „Que lindo, este teatro, wunderschön", lächle ich dem Kartenabreißer zu, der sich noch ein Zigarettchen gönnt, ehe die Besucher eintreffen. „Sim, é. Mas tem uma história curiosa.

Aber es hat eine eigenartige Geschichte." Perfekt gesetzt, dieser Satz. Mir scheint, hinter diesem Kartenabreißer steckt ein Erzähler – er weiß, wie man Fährten legt und Neugierde weckt. „Hat es?", frage ich, denn ich habe angebissen. Er schürt die Spannung weiter und klopft, zwischen zwei Zigarettenzügen, an die Wand neben der Eingangstür: „Esta parede é falsa. Diese Wand ist falsch." – „A sério? Echt?" Und nun kann er loslegen, der Kartenabreißer, hinter dem sich ein Geschichtenerzähler verbirgt. Ende der 1860er-Jahre sei das Gebäude zwar als ein Theater gebaut worden, im Laufe der Jahrzehnte jedoch auseinandergenommen, verändert und umfunktioniert worden. Der Eingang und die Bühne seien ursprünglich an anderer Stelle gewesen – sogar einen Tanzsaal habe es gegeben. Aber dann wurde 1920 ein Teil des Theaters von einer englischen Telefongesellschaft aufgekauft, und deshalb habe man monströs in den Korpus und die Eingeweide des Gebäudes eingegriffen, habe alles umgebaut – und das Theater eine Zeit lang als Kino missbraucht, ehe es während der Diktatur von der „Fundação Nacional para a Alegria no Trabalho" zu einem Ort erklärt wurde, an dem „Freude in die Arbeit" fließen sollte und man das Proletariat mit dem indoktrinierte, was die Regierung für Kunst hielt. Es klinge vielleicht ein wenig anstößig, aber diese Fundação leite das Theater noch immer – nun aber mit erweitertem künstlerischem Horizont und anderem Titel. „Muda o regime, mudam os nomes. Wechselt das Regime, wechseln auch die Namen."

Ich staune angesichts dieses kenntnisreichen Monologs und äußere meine Faszination darüber, wie die Geschichte dieses Theaters zugleich die Geschichte Lissabons und Portugals widerspiegle. Der Kartenabreißer fühlt sich, das sehe ich, geschmeichelt. Aber wie es sich für einen guten Erzähler gehört, lässt er sich nicht auf meine Komplimente ein, sondern sorgt stattdessen für Irritation und sagt trocken: „Não gosto o teatro – ich kann das Theater nicht leiden." Er arbeite hier nur, weil die Rente nicht reiche. Ursprünglich beim Militär gewesen, weswegen er, das gebe er offen zu, die Linken nicht möge, sei er frühpensioniert worden, und mit 500 Euro pro Monat komme er einfach nicht über die Runden. Viel Luxus leiste er sich ja nicht, ab und zu einen Kaffee, ein Zigarettchen – und, seine heimliche Leidenschaft, alte Postkarten sammeln, weswegen er gerne auf dem Feira da Ladra herumstöbere. Er habe schon Fisch verkauft, um sich etwas dazuzuverdienen, er habe schon Eis verkauft. Und jetzt reiße er eben Karten im Teatro da Trindade ab. Das sei nicht schlecht, „mas, pronto, estamos em Portugal" – eine Formel, die den Startschuss zur Abrechnung zu geben scheint: Wie ich doch bestimmt wisse, seien die Portugiesen faul. „Wenn wir das Wort Arbeit hören, machen wir so" – und schon rennt er, den Arlecchino aus der Commedia dell'Arte karikierend, gen Notausgang. „Wir liegen lieber in der Sonne und schauen dem Leben dabei zu, wie es lebt. Das Einzige, was wir Portugiesen geschafft haben, ist, den Seeweg nach Indien zu entdecken – und Kirchen zu bauen. Igrejas, igrejas, igrejas. Porque temos tanto medo do inferno. Weil wir so entsetzlich viel Angst vor der Hölle haben. Und was wir noch können, ist: Korruption." Ob mir bekannt sei, dass der letzte Präsident, José Sócrates, ein falsches Diplom gehabt habe – es sei aufgeflogen, weil der Stempel der Universität das Datum eines Sonntags getragen habe. „São burros, os politicos! Alles Esel!" Was haben wir denn schon hier in Portugal? Keine Industrie, keine Landwirtschaft, keine Kolonien, nichts. Wir haben nur eins: „Os Come-ons." – „Os Come-ons?" – „Sim, os turistas", enthüllt er, stolz, seine Pointe so geschickt gesetzt zu haben.

Doch nun haben sich noch weitere Besucher im Foyer versammelt, gleich beginnt die Aufführung, und der Kartenabreißer sagt, wenn ich später noch Zeit und vielleicht Interesse hätte, auch den großen Saal des Theaters zu sehen, würde er versuchen, jemanden von der Technik zu bitten, das Licht, das über einen Computer gesteuert werde, hochzufahren. Natürlich habe ich Zeit. Denn längst hat der Kartenabreißer die Bühne erobert, ihm gehört die Vorstellung des heutigen Sonntagnachmittags, nicht der Tanzperformance, für die ich mein Ticket gekauft habe.

Und so darf ich, nachdem ich in der schmucklosen, nüchternen Black Box die Choreografie eines jungen Künstlers gesehen habe und die anderen Besucher bereits wieder zum Ausgang strömen, den wunderschönen, leeren Sala principal des Teatro da Trindade betreten, dessen Kronleuchter heute einzig und allein für mich eingeschaltet wurden. Ich darf mit den Augen über die vier Ränge mit den hellblauen Sitzen und den filigranen, goldenen Balkonverzierungen wandern, hin zu einer Decke, an der die Porträts der wichtigsten Autoren der portugiesischen Literatur wie Medaillons prangen, von Gil Vicente über Luís de Camões bis hin zu Almeida Garrett. Darf auf die Bühne, auf der schon große Schauspieler wie Rosa Damasceno und ihr Mann Eduardo Brasão, der große Komiker der portugiesischen Theatergeschichte, Vasco Santana, die Grande Dame des portugiesischen Films, Beatriz Costa, António Silva, Irene Isidro, die „portugiesische Marlene Dietrich", aber auch große Fadistas wie Amália Rodrigues, die Pianistin Maria João Pires, ja sogar Josephine Baker und Gilbert Bécaud gestanden haben. Darf durch die Tür im eisernen Vorhang, der vor Bränden schützt, hindurchschreiten und zum Schnürboden hinaufschauen, wo Punktzüge und Scheinwerfer hängen, die atmosphärisches Licht und schnelle Verwandlungen garantieren.

Darf die Geheimlogen sehen, in denen sich – da zwinkert mir mein Kartenabreißer zu, denn auch Portugiesen über sechzig Jahren flirten noch gerne – die Liebespaare getroffen haben, um sich schöneren Dingen als dem Theater zu widmen. Und ich darf die Regieloge im zweiten Rang betreten, um über die Knöpfe auf den Mischpulten für Licht und Ton zu streichen. Kurz: Ich darf ein altes portugiesisches Theater und einen alten portugiesischen Kartenabreißer eine halbe Stunde lang ganz für mich alleine haben.

Und deshalb will auch ich noch eine Pointe verschenken, als ich mich schließlich verabschiede und für die wunderbare spontane Führung bedanke. Er könne noch so sehr über sein Land schimpfen, sage ich, bevor ich wieder auf die Rua Nova da Trindade hinaustrete – aber so etwas Besonderes wie einen Kartenabreißer, der ein heimlicher Geschichtenerzähler ist, gebe es nicht überall. Nein. So etwas gebe es nur in Portugal.

Agosto

DASS ES IN LISSABON AUCH EINE „OFFIZIELLE" KULTUR des Geschichtenerzählens gibt, erfahre ich im August im „SOU", einem alternativen Café in Anjos, in das Teresa mich mitgenommen hat. Dort sind jeden ersten Freitag im Monat die „Contabandistas de Estórias" zugange. Ein Wortspiel, denn „contrabandistas" bedeutet im Portugiesischen „Schmuggler" und „contar" erzählen – die Contabandistas im „SOU" schmuggeln also Geschichten. Unterschiedlichster Couleur. Afrikanische und japanische, selbst erfundene und tradierte. Heute Abend sind es Geschichten über Gott und den Teufel, die vorgetragen werden – von Helena, die im „normalen" Leben eine Dokumentarfilmerin ist. Das Licht wird abgedunkelt, noch schnell ein Bier geholt, und dann hören alle Altersklassen zu, junge und betagte Menschen, Kinder und Erwachsene, wie Helena eines Tages von einem Mann besucht wird, der freundlicherweise ihr Badezimmer putzt, sich aber als Teufel entpuppt und ... – und mehr wird an dieser Stelle nicht verraten.

Man könnte eine Stecknadel fallen hören, während Helena erzählt. Sie weiß, wie sie Spannung schüren kann, indem sie die Stimme senkt – und am Ende der Geschichte hat Helena noch einen Auftrag an die versammelte Zuhörerschaft: Alle sollen nach Phrasen über Gott und den Teufel suchen. „Morar em casa do diabo", ruft der ältere Herr aus der hinteren Ecke spontan nach vorne – im Haus des Teufels wohnen, soll heißen, am Ende der Welt. „Pelo amor de Deus", kontert die Dame neben ihm grinsend: um Gottes Willen. „Enquanto o diabo esfrega um olho", steuert ein

Junge aus der vordersten Reihe schüchtern bei – während
der Teufel sich das Auge reibt, also: im Handumdrehen.
Auch Teresa gibt eine Phrase dazu: „O diabo anda solta!" –
und erklärt mir: „Das bedeutet: Der Teufel ist los!" Nun fühlen sich alle angespornt, und es geht wild durcheinander:
„Graças a Deus, Gott sei Dank!" – „O diabo está no porme-
nor. Der Teufel steckt im Detail." – „Juro por Deus que hei-
de. Ich schwöre bei Gott." – „Fugir de alguém como o diabo
foge da cruz. Jemanden fliehen wie der Teufel das Weih-
wasser." – „Que diabo foi isso. Was zum Teufel war das?"

„Interessant", stellt Helena schließlich fest, als eine stattliche Sammlung zusammengekommen ist: „Offensichtlich
existieren im Portugiesischen mehr Redewendungen über
den Teufel als über Gott." Unter dem Gelächter des gesamten Saales kommentiert Teresa trocken: „Claro. Somos cató-
licos!"

✳ ✳ ✳

Katholisch sind auch die Kirchenglocken, die kurz darauf
läuten, genauer: die Hochzeitsglocken. Laut, voll, rund – und
erwartungsvoll klingen sie. So erwartungsvoll wie Inês und
Pedro sich nun wohl fühlen mögen. Wie verliebt waren sie
gewesen, im April bei unserem archäologischen Barbecue
und im Mai bei der Radtour; als wollten sie der Schwerkraft
eine lange Nase drehen. Ganz schnell war es von da an gegangen, und vor wenigen Wochen hatte mir Inês bei einem
Cafézinho das Geheimnis verraten: „Er hat mich mit ver-
bundenen Augen bis Monsanto gefahren, hat mich dort zu
einem verlassenen Plätzchen geführt – und mir einen Heiratsantrag gemacht." Ich schaute in ihr vor Glück strahlendes Gesicht und erinnerte mich an jenen Samstag im
Oktober, als sie mir auf dem Feira da Ladra von ihrem Liebeskummer erzählte. Und an ihr schüchternes Silvester-

geständnis. Aberglaube hin oder her: Die Rosinen haben ganze Arbeit geleistet!

Mit angezogenen Knien kauern Teresa und ich nun auf einem engen Holzbänkchen in einer winzigen Kirche in der Alfama, es duftet nach Weihrauch, aber auch nach Parfum und After Shave – eine Hochzeit ist in Portugal ein Anlass, sich fein zu machen, den besten Anzug und das Seidenkleid aus dem Schrank zu holen, beim Cabeleileiro die Haare ondulieren oder sich noch einmal sorgfältig rasieren zu lassen, ja, selbst die Kinder werden mit Lackschühchen und Schleifchen herausgeputzt, als seien sie einer Bonbonniere entsprungen. Teresa zeigt mir ihre Gänsehaut, als die Orgel zu spielen beginnt und das Brautpaar die Kirche betritt. Wunderschön sieht Inês aus, so, als stamme sie aus einem Fotoalbum der Sechzigerjahre, sie trägt das Hochzeitskleid ihrer Mutter, knielang, dazu atemberaubend hohe Pumps, ein weißes Band in den schwarzen Haaren, die am Hinterkopf toupiert sind. Und Pedro, der Bräutigam, hat sich passend dazu den Anzug im Secondhandshop gekauft, hip wirken sie, die beiden, „fixe". Und sehr glücklich.

Eigentlich hat Inês nicht mehr allzu viel mit Religion am Hut. Sie hatte mir einmal erzählt, dass sie sehr streng religiös erzogen worden sei – in einem Kindergarten, der von Nonnen geleitet wurde und in dem sie mit vier Jahren eine kleine Revolution probte, weil sie nicht einsehen wollte, warum sie im Gottesdienst nicht auch eine Hostie essen darf, so, wie die Erwachsenen. Und später, auf der Schule, musste sie ein Mal pro Woche zur Beichte. „Irgendwann fand ich das alles so einengend, dass ich mich von der Kirche distanziert habe und nur noch auf dem Papier Katholikin war." Ähnlich ist es bei anderen Portugiesen, die ich kenne. Marta und Jorge gehen am Sonntagmorgen nicht in die Kirche, sie fahren stattdessen zum Parque das Nações, um joggen zu gehen. Tiago frotzelt gerne, dass er als Kind nur zum Gottesdienst wollte, weil er dann Gelegenheit hatte, seinen weißen Blazer zu tragen. Und Teresa meinte lapidar: „Weißt du, was jemand an eine Hauswand neben der Universität in Coimbra gesprüht hat? Gott befrei uns von der Religion. Daran glaube ich." Einzig Victor hat in seinem Laden neben der Kasse ein Heiligenbildchen hängen, aber in die Kirche habe ich ihn noch nie gehen sehen.

Obwohl all meine hiesigen Bekannten ein gespaltenes Verhältnis zur Religion haben, wirkt Lissabon wie eine zutiefst religiöse Stadt. In jedem zweiten Schaufenster gibt es Devotionalien, Marienstatuetten und Rosenkränze zu kaufen, viele Cafés besitzen einen kleinen Altar – und die Kirchen werden wie „santuários", wie Heiligtümer, behandelt. Der einzige Wutanfall eines Portugiesen, den ich während meines gesamten Aufenthaltes erlebt habe, spielte sich in einer Igreja ab: Als ein Tourist das Fotografierverbot ignorierte, begann der Messdiener dermaßen sturzgewitterartig zu toben, dass sogar die Stuck-Engel an der Decke erröteten. Für die Gläubigen ist die Kirche ein geschützter Raum – aber auch für die, die es mit der Religion nicht so genau nehmen, werden die Igrejas bisweilen zur spontanen Andacht genutzt, als Ruheorte, an denen es sich nach der Arbeit oder in der Mittagspause ein wenig nachdenken und ein paar Stoßgebete zum Himmel schicken lässt, als Enklaven, an denen man in Notsituationen eine Kerze anzündet oder im Flüsterton den neuesten Tratsch mit dem Nachbarn tauscht. Vielleicht weil der Geruch nach Weihrauch von klein auf genauso zum portugiesischen Leben dazugehört wie die Meeresluft, ist der Umgang mit der Religion ein undogmatischer: Braucht man sie, lassen sich die Kirchen wie kleine Versicherungsstationen im Alltag nutzen, und wenn nicht, auch einfach wieder vergessen.

So jedenfalls scheint Inês ihr Verhältnis zur Religion zu handhaben. Denn obwohl sie keine praktizierende Katholikin mehr ist, war die Initiative, in der Kirche zu heiraten, von ihr ausgegangen. Und deshalb ist es nun ein Pfarrer und kein Beamter, der sie fragt: „E tu, Inês, queres aceitar Pedro aqui presente como legítimo esposo até que a morte vos separe?" – „Sim." – „E tu, Pedro, queres aceitar Inês como legítima esposa até que a morte vos separe?" – „Sim." Die Ringe werden angesteckt, während im Kirchenraum der Atem angehalten, Tränen verdrückt und Taschentücher gezückt werden und der Pfarrer schließlich den Segen gibt: „Eu vos uno no Matrimônio, em nome do Pai, do Filho e do Espírito Santo. Amém." Und dann darf die Braut geküsst werden – unter dem Applaus aller.

Draußen vor der Kirche knallen die Sektkorken und rieselt der Reis auf das frischgebackene Brautpaar herab. Inês' Lehrerkollegen haben ein kleines Ständchen einstudiert, das sie a cappella zum Besten geben, ehe wir in einer Autokolonne nach Monsanto fahren, der großen Grünfläche Lissabons, wo Pedro Inês den Heiratsantrag gemacht hat und wo nun zum Picknick geladen wird. Neben der alten Windmühle nahe dem Amphitheater, mit herrlichem Blick auf den Tejo, werden Vinho Verde und Feijada, der deftige Bohneneintopf, ausgepackt, Steaks auf den Grill geworfen und Unmengen an Kuchen aufgefahren. Die Jogger ziehen unermüdlich ihre Runden durch den Park, auf dem Basketballfeld nebenan prellen ein paar Jungs unter großem Einsatz den Ball gen Korb, Inês' kleine Nichte Rita fängt einen Grashüpfer und bricht in Tränen aus, als sie ihn vor lauter Fürsorglichkeit in den Händen zerquetscht. Der Vater der Braut hält eine Rede und gesteht, schrecklich eifersüchtig auf seinen Schwiegersohn zu sein, und als alle sich sattgegessen haben, wird das Basketballfeld kurzerhand zur Tanzfläche.

Auch Teresa und ich „hotten" ein bisschen, dazwischen spiele ich Federball mit der kleinen Rita, die den Grashüpfer schon längst wieder vergessen hat, und erfahre von ihr, dass sie später einmal Lokomotivführerin werden will. Und wie schön sie, trotz Schleifchen am Kleid und im Haar, das Rad auf dem Rasen schlagen kann, zeigt sie mir auch. Pedros Mutter erzählt, dass sie vor einigen Jahren für ein paar Tage in Hamburg gewesen sei und sich gewundert habe, wieso die Menschen dort ihre Fahrräder bis in die Wohnung mitnehmen. Außerdem, so erinnert sie sich, seien die Portionen im Fernsehturm-Restaurant so klein gewesen, dass sie den Kellner fragen wollte, ob sie den Teller auch mitessen dürfe. Aber natürlich habe die fantastische Aussicht alles wettgemacht und der Apfelkorn habe ihr so gut geschmeckt, dass sie sogar eine Flasche mit nach Portugal genommen habe.

Erst, als die Dunkelheit einzubrechen beginnt, verabschiede ich mich, umarme Inês und Pedro und wünsche ihnen noch einmal alles erdenklich Gute. Und dann fange ich an zu weinen.

✳ ✳ ✳

Ich kann die nächsten zwei Wochen nicht mehr aufhören zu weinen, denn mein Abschied aus Lissabon steht bevor. Nun beginnt, dass alles „zum letzten Mal" stattfindet. Ich kann nicht mehr fröhlich „Até já, até logo, até amanhã, até a próxima – bis gleich, bis später, bis morgen, bis zum nächsten Mal" sagen, sondern ich muss immer öfter ein Wort verwenden, das so endgültig ist, dass die Portugiesen es nur selten gebrauchen: „Adeus". Ich will die Zeit festhalten, will dableiben, will verhindern, dass mein Jahr in Lissabon zu Ende geht. Eine Traurigkeit bohrt in mir, eine Angst davor, etwas loslassen zu müssen, das ich nicht loslassen will. Es fühlt sich an wie Liebeskummer.

Es hat mich also erwischt. Noch bevor ich überhaupt weggefahren bin, kriecht sie schon in mir hoch, die Saudade. Ich hatte sie immer für ein viel bemühtes Klischee und eine Erfindung der Literaten gehalten, denn hier im Alltag ist sie mir kaum begegnet, im Gegenteil. Ich habe die Portugiesen nur selten als Melancholiker, sondern meist als fröhliche, humorvolle Menschen erlebt. Die Saudade, diese Sehnsucht nach etwas Verlorenem, Vergangenem, Unerreichbarem, war höchstens im Fado ein Thema gewesen. Doch nun, als die Abreise naht, bekomme ich eine Ahnung davon, was Saudade ist und mit welchen Mitteln sie mich fortan okkupieren wird. Ich frage mich bang, wie das Leben sein wird ohne die Sonne und das Licht dieser Stadt, ohne den Geruch nach Cafézinho, ohne die portugiesische Sprache, die ich so lieben gelernt, und ohne die Menschen, die ich so sehr ins Herz geschlossen habe. Wie wird es sein ohne Lisboa, a minha cidade maravilhosa?

Ich könnte nun anfangen, alles Erlebte nachträglich zu relativieren, könnte nach den negativen Seiten suchen und sie auflisten, um mich leichter von Lissabon trennen zu können. Das will ich aber gar nicht. Denn so ist das nun mal, wenn man etwas oder jemanden besonders gerne mag: Dann ist man bereit, zu übersehen. Dann weiß man zwar, dass das Gegenüber Macken und Tücken hat, aber man kann sie großzügig ignorieren, kann den anderen einfach so nehmen, wie er ist. Und ehrlich gesagt habe ich auch gar keine Zeit, die schlechten Seiten von Lissabon aufzuzählen. Denn es gibt noch so unendlich vieles, was ich in diesen letzten beiden Wochen erleben will.

- Ich gehe mit O Senhor Silva in Museen, die mich vorher nie interessiert haben. Im Museu Nacional dos Coches in Belém schauen wir uns königliche Kutschen an, verziert mit allerhand Gold und allegorischen Malereien. Und im Militärmuseum nahe dem Bahnhof Santa Apolónia offenbart sich uns in Gestalt von Ritterrüstungen, Säbeln mit Marmorgriffen und Musketen mit Perlmutt-Einlagen die patriotische Suche nach Ruhm – und gleichzeitig eine bodenlose Ignoranz gegenüber den Kolonialkriegen: Nur in einem kleinen Kämmerchen werden sie abgehandelt, Worte werden lediglich über die Opfer auf portugiesischer, nicht aber über die auf afrikanischer Seite verloren.

- Ich versöhne mich mit der kleinen alten Dame, der Eléctrico 28, und fahre einen Sonntag lang drei Mal die gesamte Strecke von Martim Moniz bis nach Prazères hin und zurück.

- Ich frage die kleinen Jungs, die ich nach der Arbeit immer in der Travessa Queimada im Bairro Alto Fußball spielen sehe, ob ich eine Runde mitbolzen darf. Ich darf, aber es gelingt mir nur ein einziges Mal, Ballkontakt zu haben – dafür aber mindestens zehn Mal „Eh pá!" zu rufen, was, wie ich finde, nicht minder professionell ist.

- Ich bringe alle Bücher zurück in meine geliebte Bibliotéca Municipal de Camões und lasse auch meinen Ausweis dort.

- Ich tue etwas, was ich ein Jahr lang vermieden habe: Ich nehme meinen Fotoapparat und versuche, Lissabon ins Objektiv zu bannen. Es gelingt mir nicht. All das, was ich mit Lissabon verbinde, lässt sich nicht in ein zweidimensionales Rechteck quadratieren. Deshalb beschließe ich stattdessen, die Azulejos zu dokumentieren, die mir bei meinen Streifzügen begegnen. Grüne mit Rautendekor, blauweiße mit Blumenmuster, braun-orangene mit Siebzigerjahre-Motiv. Alle mit der Patina Lissabons und zugleich mit dem Licht der Stadt versehen.

● Und danach fotografiere ich Türen, denn nirgends sind sie so schön wie in Lissabon: große schwere grüne Flügeltüren mit Metallgeflecht in der Mitte. Hellblaue Türen, von denen der Putz abbröckelt. Und rote, frisch lackiert.

● Und wo ich die Kamera nun schon bei mir trage, tue ich auch gleich noch etwas entwürdigend Touristisches – ich lasse mich gemeinsam mit dem bronzenen Fernando Pessoa vor dem Café „A Brasileira" fotografieren. Dass das Foto von einem Japaner geschossen wird, hat aber, so finde ich, schon wieder Stil.

● Ich revidiere meine Äußerungen zur Mode in Lissabon und kaufe mir ein sündhaft teures, traumhaft schönes, klaustrophobisch enges Kleid. Es ist schwarz und von Spitze durchwebt, es trägt einen Hauch von Fado in sich, und ich finde, dass es sich mit all diesen Eigenschaften wie eine Metapher überstreifen lässt, eine Metapher für Lissabon. So wortreich erkläre ich zumindest meinem Kontoauszug die Dringlichkeit der Anschaffung.

● Ich will noch einmal auf die andere Tejo-Seite und dieses Mal keinen Sonnenauf-, sondern einen Sonnenuntergang beobachten. Also nehme ich die Fähre nach Cacilhas, laufe zum gläsernen Aufzug, lasse mich nach Almada hochfahren und mir währenddessen von dem alten Mann, der den Aufzug bewirtschaftet, erzählen, dass er gestern sechs Delfine den Tejo hat hinunterschwimmen sehen. Sechs Delfine – und sogar ein kleines Delfin-Baby sei dabei gewesen. Daher kommt es, dass ich an Delfine denke, während ich die Sonne mit den Augen dabei begleite, wie sie hinter der Ponte de 25 Abril in leuchtendem Orange versinkt.

● Ich wage es endlich, Nadador Salvador zu fragen, warum man in Lissabons Schwimmbädern keinen Bikini tragen darf.

Zwei Gründe nennt er mir: weil Bikinis oft am Strand benutzt werden und deshalb Sand mit ins Schwimmbad bringen könnten. Und weil Bikinis so leicht verrutschen. Mein skeptisches Gesicht kommentierend, meint er noch: „Das glauben Sie nicht? Mas é mesmo assím!" Es ist so.

● Ich gehe mit Tiago ein letztes Mal auf ein Abendessen zum illegalen Chinesen – einem kleinen Häuschen, tief versteckt in der Mouraria, an dem kein Schild darauf verweist, dass sich hinter den Wänden ein Restaurant verbirgt. Denn das Lokal hat keine Lizenz und muss deshalb inkognito bleiben. Und obwohl es „clandestino", also verboten, ist, weiß die halbe Stadt davon und geht dort essen. Das Heimliche schmeckt eben noch eine Prise besser als das Erlaubte.

● Und: ich nehme all meinen Mut zusammen, um einen Fado beim Fado Vadio in der kleinen Taverne in der Rua da Graça zu singen. Ich übe tagelang einen meiner Lieblings-Fados, beginnend auf dem Ton a. „Meu amor é marinheiro e mora no alto mar. Seus braços são como o vento. Ninguém os pode amarrar. – Meine Liebe ist Seemann und wohnt auf dem hohen Meer. Seine Umarmungen sind wie der Wind und niemand kann sie festbinden." Ich ziehe das neue schwarze Kleid an, gehe ins Café, bestelle mir ein Bier. Und kurz bevor ich dem Gitarristen ein Zeichen geben will, lasse ich es doch bleiben. Man muss sich und den anderen ja nicht jeden Wunsch erfüllen.

✳ ✳ ✳

Ich unternehme und unternehme und unternehme. Ich stopfe die Zeit voll, in der Hoffnung, dass sie sich dehnt und länger wird.

Doch die Zeit lässt sich weder dehnen noch anhalten – nicht einmal in einer Stadt, in der sie manchmal stehen geblieben scheint. Deshalb beginne ich schließlich, meine Koffer zu packen, während Bob Marley alias Amália Rodrigues machàonzend auf meinem Bett thront und mir dabei zuschaut. Ich mache mein grünes Sommerkleid, meinen blau-weiß gestreiften Bikini – und all die Dinge, die während der vergangenen zwölf Monate dazugekommen sind – wieder reisefertig.

Ich putze mein kleines Zimmerchen, in dem ich fast 365 Tage lang gewohnt habe. Und zum Schluss bereite ich meine Abschiedsfeier vor und lade all meine Lissaboner Freunde in den Garten des Palastes ein, in dem ich gearbeitet habe. Ich kaufe ein paar Flaschen Vinho tinto, ein paar Flaschen Vinho branco und koche zusammen mit Marta einen riesigen Pott Caldo Verde – drei Mal müssen wir ihren Schnellkochtopf, ihren „panela de pressão", dafür bemühen.

Ich hänge ein paar Lichterketten zwischen die beiden Ulmen und atme noch einmal tief die Friedlichkeit dieses Ortes ein. Und dann begrüße ich meine Gäste.

Es wird ein wunderschönes und zugleich trauriges Fest. Denn ich höre auch jetzt nicht auf zu weinen, während ich die Menschen betrachte, die mich ein Jahr lang durch mein portugiesisches Leben begleitet haben und die sich nun teilweise erstmals gegenseitig kennenlernen und miteinander verknüpfen – zu einem Lissaboner Universum, das ich schon morgen früh verlassen werde. Die Menschen, mit denen ich nun anstoßen will, auf eine schöne Vergangenheit und auf eine schöne Zukunft.

Portugiesen schenken gerne. Weil sie so gerne schenken – ihre Aufmerksamkeit, ihre Höflichkeit, ihre Zeit –, habe ich sie so in mein Herz geschlossen. Und dass sie auch nun, zu meinem Abschied, so gerne schenken, macht alles nur noch schwieriger. Tiago überreicht mir den schönsten Spickzettel der Welt: Alle portugiesischen Worte, die ich mir nie merken konnte, sind darauf verzeichnet, und statt der deutschen Übersetzung findet sich neben jeder Vokabel die passende, selbstgemalte Illustration. Rosa hat ein Foto von mir gemacht – wie ich im Lavadouro público stehe und sich mein Profil im Wasser der steinernen Becken spiegelt. Ricardo hat seine Gitarre mitgebracht und spielt für uns alle Fado und für mich einen besonderen. Joana wiederholt ihre Einladung nach Brasilien. O Senhor Silva schenkt mir José Saramagos „Portugiesische Reise" im Original, und Victor – der sich auf Anhieb mit O Senhor Silva versteht und ganz hemmungslos dessen Redefluss mit „Caramba!" unterbricht, wenn er selbst zu Wort kommen will –, Victor schenkt mir einen Fan-Schal von Sporting, auf dem „Até morrer" steht, genauso wie auf seinem. Marta und Jorge drücken mir ein Buch mit den gesammelten Suppenrezepten Portugals in die Hand. Beatriz und Bruno, Luisa und Hugo haben die Fotos von unserer kleinen Radtour zu einem Leporello geklebt. Teresa widmet mir einen der Schlüsselanhänger, die es hier in der Stadt allerorten zu kaufen gibt – mit einer Sardine aus Stoff daran. Inês und Pedro tanzen zum Fado von Ricardo einen Tango für mich. Und meine Kollegen haben als Souvenir eine zerbrochene Kachel aus dem Palast in Packpapier gewickelt.

Sogar mein Chef hat etwas für mich mitgebracht. Er schenkt mir, eingerahmt in Glas, die Kopie einer Schiffskarte aus dem Jahre 1920, eine Karte des Hafens von Lissabon. „Mein Urgroßvater hat sie gemacht, er war Kupferstecher. Im Original ist sie viel größer, du musst mit der Lupe schauen. Siehst du die Zahlen hier? Das sind die genauen Wassertiefen, denn dieser Kanal von Cascais bis Lisboa hat es in sich. Ohne genaue Karten hätte es gefährlich werden können für die Schiffer." Ich betrachte das vergilbte

Papier und den feinen Stich: das Profil der Küste, die Zeichnung der Orte, die Biegung in die Stadt hinein. Und es wird ganz still in mir.

Ein Jahr ist es her, dass ich, mit nur zwei Brocken Portugiesisch im Gepäck, in See gestochen bin, ohne zu wissen, was mich erwarten wird. Wie eine Entdeckungsreisende fühlte ich mich damals. Ein Jahr lang habe ich fremdes Terrain erkundet und meine eigene Karte gezeichnet, die ich nun in meinem Inneren trage. Wie sieht sie aus? Kann ich sie überhaupt beschreiben? Sie ist hell und licht, verworren und verzweigt, kleinteilig und doch von einem großzügigen Panorama geprägt. Sie hat Hügel, Kirchen, lauschige Plätze, gepflasterte Gässchen, zerfallende Häuser, Paläste und einen Fluss. Auch ein kleines Schwimmbad und ein grün-gelbes Stadion sind auf ihr verzeichnet. Sie trägt einen Rand aus Orangenbäumen und unendlich viele fremde Wörter. Das Papier riecht nach Galão, Pastéis und frischen Erdbeeren – und wenn es raschelt, erklingt zugleich ein Fado. Ein paar dunkle lange Haare liegen auf der Karte, die ein Cabeleileiro mit einer großen Schere abgeschnitten hat. Und dazwischen spazieren Menschen herum, viele alte, aber auch viele junge. Menschen mit Schiebermützen und roten Nelken. Menschen, in deren Lächeln man die Zahnlücken und das Herz schlagen sieht. Menschen, die nicht drängeln, weil sie der Zeit den Vortritt lassen. Und wenn ich ganz genau hinschaue, sehe ich das Allerschönste an der Karte: ein paar weiße Flecken. Mir scheint, die Karte ist noch gar nicht vollständig. Mir scheint, all dies ist nur der Anfang gewesen. Der Anfang einer wunderbaren Entdeckung.

✳ ✳ ✳

Am nächsten Morgen, als Lissabon im Rahmen des Flugzeugfensters immer kleiner und kleiner wird, sind es nur zwei Gedanken, an denen ich mich festhalten kann: Ich habe fünf Pfund Kaffee im Gepäck. Und: Er beginnt schon nächste Woche, der Kurs, für den ich mich an der Volkshochschule angemeldet habe. Portugiesisch für Fortgeschrittene IV.

Schnelles Dicionário
für alle, die es sogar in Lissabon eilig haben

A wie Abreviatura. Kommen Sie bloß nicht auf die Idee, in Lissabon eine Abkürzung zu nehmen. Es könnte Sie Stunden kosten, weil Sie sich garantiert verlaufen werden und weil Sie dabei möglicherweise ein paar herrliche, unvorhergesehene Dinge entdecken, die Ihren ganzen Zeitplan durcheinanderbringen.

B wie Balcão. „Balcão" bedeutet im Portugiesischen nicht Balkon, sondern Theke – und die Theke ist wie gemacht für Sie, weil Sie dort ganz schnell etwas zu sich nehmen können, ohne sich erst an einen Tisch setzen zu müssen. Die wunderhübschen schmiedeeisernen Balkönchen, die es an den alten Häusern vor jedem Fenster gibt und die Sie nicht wahrnehmen werden, weil Sie durch die Straßen hetzen, anstatt zu flanieren, diese wunderhübschen Balkönchen nennen die Portugiesen hingegen „Varandas".

C wie Curto. Sie müssen keine Zeit damit verplempern, die vielfältigen Arten des Kaffees in Lissabon auszuprobieren. Bestellen Sie einfach einen Curto, denn der passt am besten zu Ihnen: Sie können ihn in einem einzigen Schluck hinunterkippen und er enthält so viel Koffein, dass Sie danach in völlig neue Dimensionen der Energie vordringen können.

D wie depressa. Schnell heißt auf Portugiesisch „depressa". Schneller heißt: „mais depressa". Am schnellsten heißt „a mais depressa". Sie haben keine Zeit für Assoziationen, deshalb muss es Ihnen auch gar nicht weiter auffallen, dass dieses Wort irgendwie depressiv oder auch gepresst klingt.

E wie Esplanada. Esplanadas sind die Terrassencafés, die sich auf den meisten Miradouros, den meisten Aussichtspunkten, befinden. Gehen Sie da bloß nicht hin! Es ist so schön und so entspannend dort, dass Sie womöglich nicht mehr wegwollen und Ihnen dann wegen ein paar untätiger Stunden der ganze Aufenthalt verdorben wäre.

F wie Fast Food. Das Wort Fast Food gibt es in Lissabon nicht – und Sie werden ja nun nicht ernsthaft zum Rossio fahren wollen, um sich dort bei McDonald's in die Schlange zu stellen. Wenn Sie Ihr Mittagessen unbedingt im Gehen verschlingen möchten, fragen Sie nach „Refeiçoes para fora", wörtlich übersetzt „Mahlzeiten für draußen" – denn sogar Take-away hat in Portugal noch Stil. Wenn Ihnen das zu lang ist, fügen Sie Ihrer Bestellung einfach „para levar" – zum Mitnehmen – hinzu.

G wie Ginjia. Nicht nur die Touristen, auch die Einheimischen lieben es, sich an den kleinen Ausschänken nahe des Praça da Figueira einen Ginjia, einen Kirschlikör, zu genehmigen, der sich mit oder ohne Kirsche bestellen lässt. Da dieses Ritual so beliebt ist, können Sie es sofort von Ihrer Liste streichen – es könnte nämlich sein, dass Sie ein paar Minuten anstehen müssten.

H wie Haxixe. Vor allem in den Straßen um den Rossio herum kann es Ihnen passieren, dass Ihnen Haschisch angeboten wird – und es duftet in dieser Stadt auch öfters mal nach Marihuana. Ob die Haschisch-Händler Ihnen auch sagen können, wo es die aufputschenden Drogen gibt, die Sie sicherlich mehr interessieren als die beruhigenden, müssten Sie ausprobieren.

I wie Isqueiro. Wenn Sie einen stimulierenden Zug an der Zigarette brauchen und Ihr Feuerzeug im Hotel haben liegen lassen, ist das kein Problem, denn in Lissabon raucht quasi jeder. Fragen Sie einfach nach dem „isqueiro" (sprich: ischkejru). Oder, falls Sie die Aussprache nicht hinkriegen, sagen Sie: „Tem lume?" Und wenn es die letzte aus der Packung war, die Sie sich grade angesteckt haben: Zigaretten, die sich hier „cigarros" nennen, während die Zigarren „charutos" heißen, gibt es nicht im Supermarkt zu kaufen, sondern nur am Kiosk und in manchen Cafés.

J wie Jogo. Das schnelle Glück lässt sich in Lissabon ganz einfach finden. Weil hier gerne gespielt wird und es überall kleine Läden gibt, wo man sich der „Lotaría" widmen kann.

K wie Kellner. Möglicherweise gehören Sie zu der Sorte Mensch, die der Meinung sind, Portugal habe sich die wirtschaftliche Krise selbst eingebrockt – so langsam und ineffektiv, wie in diesem Land gearbeitet wird. Da empfehle ich Ihnen, doch einfach mal die portugiesischen Kellner, die „empregados da mesa", unter die Lupe zu nehmen. Seien Sie ehrlich – sind Sie in Deutschland jemals so prompt bedient worden wie in Lissabon? Kaum ist der „prato do dia" bestellt, steht er auch schon auf dem Tisch; noch ehe Sie den Kaffee geordert haben, ist er bereits da. Zumindest auf diesem Sektor kann man Portugal keine mangelnde Produktivität unterstellen.

L wie Lixo. Haben Sie ein Glück, dass die Portugiesen es nicht so streng nehmen mit der Mülltrennung! Es gibt zwar die Ecopontos, die Sammelstellen für Plastik, Papier und Glas. Dort liegen aber auch gerne mal ein Fernseher und eine Tüte Restmüll rum. Sie können also ungeheuer viel Zeit sparen, indem sie einfach alles in einen Behälter schmeißen. Ansonsten ist die Stadt aber sehr sauber, und außer den Ecopontos gibt es an jeder Ecke auch einen normalen Mülleimer, „um balde do lixo".

M wie Miúdos. Als „miúdos", Münzen, bezeichnet man das Wechselgeld, manchmal auch „troco" genannt. Anders als im Restaurant ist es im Café eher nicht üblich, Trinkgeld zu geben. Aber wenn Sie nicht auf das Rückgeld warten wollen, weil Sie schon wieder auf dem Sprung sind, freut sich der Kellner bestimmt.

N wie Não. Wenn irgendjemand Sie freundlich anspricht, sagen Sie einfach „Nein!" „Não tenho tempo" oder „Não tenho paciência" – Ich habe keine Zeit und ich habe keine Geduld.

O wie Obrigado. Auch wenn Sie es eilig haben, bedanken Sie sich bitte! Wenn Sie eine Frau sind, mit „Obrigada", wenn Sie ein Mann sind, mit „Obrigado".

P wie Puxe. Es ist wirklich irreführend und könnte Ihnen die ein oder andere Beule einbrocken: Auch wenn es sich wie das englische „push" ausspricht, bedeutet „puxe" nicht drücken, sondern ziehen. Drücken hingegen heißt „empurre".

Q wie Queijo Fresco. Ich weiß, Sie sind zu ungeduldig für Ratschläge, aber dieser hier ist wirklich wertvoll. Wenn Sie nämlich etwas essen wollen, was ruckzuck fertig ist und trotzdem sensationell lecker schmeckt, fragen Sie nach einem queijo fresco (sprich: käjscho fräschko). Sie bekommen einen kleinen runden saftigen Frischkäse, der einfach aufs Brot gelegt wird und sich mit ein paar Oliven (ohne Stein geht schneller) so köstlich verzehren lässt, dass Sie Ihren ganzen hausgemachten Stress für ein paar Sekunden vergessen können.

R wie rápido. Zum Glück gibt es in der portugiesischen Sprache außer „depressa" noch ein anderes Wort für schnell: „rápido". Und zum Glück lässt sich in der portugiesischen Sprache nicht nur verkleinern (-inho), sondern auch steigern. Wenn Sie an Ihre Bestellung also noch ein „rapidíssimo, por favor" dranhängen, fliegen Sie bestimmt auf dem schnellstmöglichen Weg aus dem Laden.

S wie Sanitárias. Wenn Sie dringend mal müssen, fragen Sie nicht nach den Sanitäranlagen, sondern nach dem „casa de banho". Auch wenn Sie alles andere als ein Badezimmer erwartet, ist es üblicher und höflicher, diese Bezeichnung zu verwenden, als „sanitárias" zu sagen. Wie Sie sich auf dem casa de banho am besten zurechtfinden, können Sie auf Seite 18 dieses Buches nachlesen.

T wie Trinkwasser. Die Câmara Municipal da Lisboa wirbt in Zeitschriften und auf Plakaten gerne mit der hervorragenden Qualität ihres Leitungswassers. Ich möchte niemandem zu nahe treten – aber selbst wenn man es für einen Tee aufkocht, schmeckt es noch immer nach Chlor. Holen Sie sich Ihr Trinkwasser also lieber im Laden um die Ecke, es kostet nicht viel.

U wie urgente. Sie können gerne mal versuchen, mit dem Argument „É urgente – Es ist dringend" schneller an die

Spitze der Warteschlange zu kommen. In einer Stadt, in der das Drängeln so ziemlich das schlimmste Sakrileg ist, das man begehen kann, wird es Ihnen aber nicht viel Freunde bereiten.

V wie Vinho Verde. Wenn Sie unbedingt unangenehm auffallen wollen, können Sie auch im Gehen trinken, aber probieren müssen Sie ihn einfach, den spritzigen, prickelnden Weißwein, den Vinho Verde. Am besten im Lokal „Olimpo" gegenüber vom Miradouro São Pedro de Alcântara.

W wie Warten. „Warten" heißt auf Portugiesisch „esperar" und es ist sicherlich kein Zufall, dass „esperar" zugleich auch die Vokabel für „hoffen" ist. Da Sie in Lissabon sehr häufig warten müssen (auf die Eléctrico zum Beispiel), hat es etwas ungemein Tröstliches, zu wissen, dass die Hoffnung immer mit in der Schlange steht.

X wie Xadrez. Xadrez (sprich: Schädräss), Schach, kann man unter anderem mit den alten Herren auf dem Campo de Santa Clara spielen. Sie müssen nur gut genug sein, damit aus dem Spiel ein Blitzkrieg wird, der sich in einer Minute erledigt hat.

Y wie Ípsilon. So heißt die wöchentlich erscheinende Kulturbeilage der Zeitung „Público", die einen schnellen Überblick über die kulturellen Aktivitäten in Lissabon ermöglicht.

Z wie Zeit. Es wird Ihnen bestimmt gefallen, dass das portugiesische Wort für „Zeit" eines ist, das Sie besonders gut kennen und gerne verwenden: „tempo". Es wird Ihnen weniger gut gefallen, dass das portugiesische „tempo" aber etwas ganz anderes beinhaltet als das deutsche Tempo. Denn die

Zeit ist in Lissabon keine tickende Uhr, sondern ein Raum, den man öffnen kann. Mit Schlüsseln, die in der ganzen Stadt herumliegen, überall. Man muss sich nur die Ruhe gönnen, sie aufzuheben. Und wenn Sie den Raum, der sich Zeit nennt, erst einmal aufgeschlossen und betreten haben – wollen wir wetten, dass Sie dann auch ein ganzes Jahr lang bleiben wollen? Wollen wir wetten, dass dann sogar ein gehetzter Ignorant wie Sie begreifen wird, dass die Zeit nirgends so schön und erfüllt zu verbringen ist wie in Lissabon?

Die weiße Insel

Anne Funk
Ein Jahr auf Ibiza
Reise in den Alltag
HERDER spektrum
192 Seiten | Flexcover
ISBN 978-3-451-06236-0

Wie man in Sachen Liebe Schluss macht, eine Freundschaft beendet, von falschen Idealen ablässt – das alles
hatte Anne bis dato in ihrer Lebenskarriere gelernt.
Aber so kurz vor der 30 will sie von einem anderen
Alltag kosten. Ein Jahr auf Ibiza wartet.

Die wunderbare Stadt

Frauke Niemeyer
Ein Jahr in Rio de Janeiro
Reise in den Alltag
HERDER spektrum
192 Seiten | Flexcover
ISBN 978-3-451-06642-9

Welche Stadt verheißt mehr Rausch und Abenteuer?
Mit 50 Kilo Übergepäck unterm Zuckerhut gelandet,
lässt sich die Journalistin Frauke Niemeyer mitreißen
vom Übermut Rios, vom Karneval der Straße und unge-
stümen Sambaparties mit Knutschzwang.